Wilhelm Preger

Ueber die Verfassung der französischen Waldesier in der älteren Zeit

Wilhelm Preger

Ueber die Verfassung der französischen Waldesier in der älteren Zeit

ISBN/EAN: 9783744614092

Hergestellt in Europa, USA, Kanada, Australien, Japan

Cover: Foto ©ninafisch / pixelio.de

Weitere Bücher finden Sie auf **www.hansebooks.com**

Ueber die

Verfassung der französischen Waldesier

in der älteren Zeit.

Von

Wilhelm Preger.

Aus den Abhandlungen der k. bayer. Akademie der Wiss. III. Cl. XIX. Bd. III. Abth.

München 1890.
Verlag der k. Akademie
in Commission bei G. Franz.

Vorstehende Abhandlung war ihrem wesentlichen Inhalte nach in der Akademie bereits vorgetragen, als die Beiträge Döllingers zur Sektengeschichte des Mittelalters[1]) veröffentlicht wurden, auf deren Quellenband sie Bezug nimmt. Denn diese Sammlung war lange gedruckt, ehe ihr von andern grossen Aufgaben in Anspruch genommener Urheber die Geschichte wenigstens einer der Sekten, jener der Katharer, dazu schreiben konnte, und mit freundlichster Bereitwilligkeit gestattete er mir das wertvolle Quellenmaterial zu benützen, als ich ihm meine Absicht mitteilte, die Verfassung der französischen Waldesier zum Gegenstande eines Vortrags in der Akademie zu machen. Auf dieses Thema war ich durch einen Traktat der vatikanishen Bibliothek geführt worden, von welchem mir Herr Kollege Dr. Friedrich eine in seinem Besitz befindliche Abschrift gütigst zur Einsicht und auf meine Bitte zur Benützung überliess. Auch im Dokumentenbande Döllingers fand ich den Traktat, aber hier nach einer Abschrift von anderer Hand. Die Vergleichung der beiden Rezensionen ergab zunächst einen in wenigen Punkten verbesserten Text. Dann führte die Untersuchung dieser und anderer in Döllingers Dokumentenbande sich findender neuer Quellen über die Waldesier zu Ergebnissen, die mir auch für die Benützung anderer schon bekannter Quellen von einigem Wert schienen. Ich schicke daher die hier gemachten Bemerkungen der Abhandlung voraus.

---

1) Döllinger J. v., Beiträge zur Sektengeschichte des Mittelalters. 1. Theil: Geschichte der gnostisch-manichäischen Sekten. 2. Theil: Dokumente vornehml. zur Geschichte der Valdesier und Katharer. München, bei C. H. Beck. 1890.

Cod. vat. lat. 2648.
De vita et actibus, de fide et erroribus haereticorum, qui se dicunt Pauperes Christi seu Pauperes de Lugduno.

Die Handschrift, in welcher unser Traktat sich findet, besteht aus Pergamentblättern in Folio mit je 2 Schriftkolumnen, ist von der gleichen Hand geschrieben und stammt aus dem 14. Jahrhundert. Sie enthält eine Anzahl älterer und jüngerer Stücke, die offenbar einem Inquisitor zum Handgebrauche dienen sollten. Vielleicht ist der Zusammensteller auch der Verfasser des ersten Stückes selbst, das in 51 rubricis super materia haereticorum handeln will und von einem Advokaten Canghinus Ugolini Sene de Porta Sti Petri de Arimeno herrührt, der es seinem geistlichen Vater, dem Minoriten Donatus de St. Agatha, welcher Inquisitor in der Provinz Romaniola war, gewidmet hat. Es schliesst auf Bl. 33 mit den Worten: Finito libro referamus gratiam Christo. Amen. Dann folgt Bl. 34 ff. weiteres Material für Inquisitoren, das in drei Teile geteilt ist: Der erste enthält 4 päpstliche Konstitutionen und die Gesetze Kaiser Friedrichs II. gegen die Häretiker, der zweite f. 41 ff. Gutachten Gelehrter über Ketzerei und Inquisition, der dritte f. 49 ff. Formeln zum Inquisitionsprozesse. Von Bl. 64 an beginnen wichtigere Stücke, Zusammenstellungen von Lehren verschiedener Sekten. Das erste ist ein Traktat gegen die Juden und solche, welche zum Judentum übergehen, dann folgen Abschnitte von verschiedenen Verfassern über die Katharer und Waldesier, die französischen wie die lombardischen. Bl. 67—71 sind grössere Abschnitte, welche auch im Traktat des David von Augsburg wiederkehren und wahrscheinlich aus den Akten von Carcassonne stammen, und diesen folgt Bl. 71 ff. unser Traktat unter der oben mitgeteilten Aufschrift. Den Schluss der nicht mehr vollständigen Handschrift bildet Bl. 73—80 ein Schriftstück über die verschiedenen Sekten der Katharer mit theologischen Erörterungen und Bl. 80 der Anfang eines Traktats, der mit Anno Domini 1341 beginnt und am Ende des Blattes abbricht.[1])

[1) Ich verdanke diese Angaben über die Handschrift der Gefälligkeit des Herrn Prof. Dr. Ehrhard aus Strassburg, der sich damals in Rom aufhielt und an den sich Herr Prof. Dr. Weyman in Freiburg, früher Sekretär der hiesigen Staatsbibliothek, für mich zu wenden die Güte hatte.

Unser Traktat enthält keine bestimmten Angaben über seine Herkunft. Wir müssen sehen, ob sich nicht aus einzelnen Bemerkungen Vermutungen über seinen Ursprung gewinnen lassen. Einmal, wo von der Ordination die Rede ist, durch welche man bei den Waldesiern ein sandaliatus wurde, heisst es, durch vorhergehende Angaben nicht vermittelt: ignorat iste, qui hoc deponit, sed audivit, quod discalciantur per alios sandaliatos etc. Wir haben es also hier ohne Zweifel mit Aussagen eines Zeugen oder eines Angeklagten vor dem Inquisitor zu thun. Deutschland wird verschiedene Male besonders hervorgehoben, so wenn es heisst, die Waldesier hätten hospitia tam in Alemannia quam in aliis partibus, oder wenn anderwärts wieder, ohne dass sonst ein anderes Land erwähnt würde, gesagt wird: Et de Alemannia major pars pecuniae, de qua vivunt et sustinentur, apportatur, oder endlich, wenn nur von Deutschland die Zahl der zum Generalkapitel Abgeordneten bemerkt wird: ad quod concilium veniunt tres vel quatuor haeretici perfecti de Alemannia, habentes secum aliquem clericum vel alium interpretatorem etc. Dieser besondere Hinweis auf Deutschland lässt vermuten, dass die Erhebungen auf deutschem Boden gemacht sind, oder wenigstens, dass der Verhörte ein Deutscher war.

Die lombardischen Waldesier gerieten über verschiedene Lehr- und Verfassungsfragen mit ihren französischen Genossen in Streit, der bis zur Trennung führte. Diese Trennung fand, wie wir jetzt durch eine von Döllinger zuerst erschlossene Quelle wissen, um das Jahr 1205 statt und ein Johannes de Roncho scheint dieselbe auf seiten der Lombarden herbeigeführt zu haben.[1]

Neben lombardischen Waldesiern, welche namentlich in Oesterreich und von da bis nach Böhmen und Pommern sich verbreiteten, finden sich

---

[1] Vgl. die bei Döllinger Dok. S. 52 ff. gedruckte Schrift Supra Stella von Salve Burce von Piacenza v. J. 1235. Da heisst es S. 64: Pauperes Lombardi exiverunt a Pauperibus de Leono et hoc est circa 30 annos, et surrexit Johannes de Roncho, qui eorum erat ancianus, et ipse erat idiota absque literis. Und später: Valdexius enim Leonista et Ugo Speronus atque Johannes de Roncho, hi tres fuerunt prima capita vestrarum congregationum, sed Johannes de Roncho circa 30 annos, Ugo vero Speronus circa 50 annos, Valdesius circa 60 annos. Die im Passauer Anonymus (Max. bibl. XXV, 264) angeführten Rungarii sind wohl nichts anderes als die lombardischen Armen, so benannt nach Johannes de Roncho, unter welchem nach der eben angeführten Quelle um 1205 die Trennung stattfand.

im südwestlichen und westlichen Deutschland auch französische. Von diesen sind die im Traktat erwähnten drei bis vier zu den Generalkapiteln abgeordneten perfecti. Denn dass unser Traktat über französische Waldesier berichte, ersieht man daraus, dass ihm zufolge ihre Lehrer keine Handarbeit treiben durften (non laborant), während die Lombarden sie forderten. Auch den für die Vorsteher gebrauchten Titel major und rector, sowie die Form des Tischsegens weist uns auf die französischen Waldesier. Der Traktat nennt zwar die Lombardei als das Land, wo die Generalkapitel meistens gehalten würden, und das könnte uns für das Alter desselben die Zeit vor der Trennung vermuten lassen; allein die französischen Waldesier hatten auch nach der Trennung noch ihre Anhänger in Italien und ihr Majoralis bereiste auch dieses Gebiet, wie wir aus den Protokollen von Languedoc wissen. Auch mochte während der Albigenserkriege und bei der Verschärfung der Inquisition, welche dieselben für Südfrankreich zur Folge hatten, die Lombardei grössere Sicherheit bieten. Ferner führt uns die Geschlossenheit und Abgegränztheit der Verhältnisse, welche der Traktat schildert, auf eine Zeit, da lombardisches und französisches Wesen nicht mehr ineinander spielen. Diese Zeit aber dürfen wir hinwieder nicht zu spät ansetzen. In dem Traktate ist von einem Majoralis der Sekte noch gar nicht die Rede, wiewohl mehrere Male Anlass dazu gewesen wäre. Die Verfassung der Waldesier gleicht hier noch einer aristokratisch regierten Republik. Die höchste Gewalt ist bei den Generalkapiteln. Während im Anfang des 14. Jahrhunderts ein lebenslänglicher Majoralis an der Spitze steht, wissen wir aus dem Sendschreiben der lombardischen Armen, dass die Franzosen damals den Schwerpunkt ihrer Verfassung in der Kommune hatten und zwei jährlich wechselnde rectores ihre Angelegenheiten besorgten. Nach dem Sendschreiben bezeichnen die nuper conversi[1]) bei den Franzosen die Vorstufe für das Priestertum; sie entsprechen den novellani in unserem Traktat. Hier wie dort begegnet uns die Bezeichnung der Vorsteher als rectores, die Unterscheidung zwischen fratres und amici. Nach beiderlei Schriftstücken ist

---

[1]) Meine frühere Vermutung, dass mit den nuper conversi des Sendschreibens kürzlich zu den Waldesiern übergetretene römische Priester gemeint sein könnten, erweist sich nun durch den Aufschluss, welchen uns die Bezeichnung novellani im Traktat gibt, als unrichtig.

die Feier des Abendmahls noch eine allgemeinere als zu Anfang des 14. Jahrhunderts. In die Zeit des Sendschreibens der Lombarden, auf keinen Fall in eine viel spätere, werden wir wohl unsern Traktat zu setzen haben.

Die Akten der Inquisition von Carcassonne.

Im Dokumentenbande zu Döllingers Sektengeschichte stammen die Stücke 1, 2, 3, 12, 46, 48 aus den Akten der Inquisition zu Carcassonne. Diese Akten gehören verschiedenen Zeiten an. Das 12. Stück, das fast ganz übereinstimmt mit Stück 46. setzt eine Bulle Johanns XXII. voraus, das zweite Stück führt in die Jahre 1308 und 1309. Nach urkundlichen Mitteilungen bei De Vic et Vaissete bestand in Carcassonne ein eigenes Inquisitionsgericht seit den dreissiger Jahren des 13. Jahrhunderts.[1] So weit hinauf also könnten Aktenstücke jener Inquisition reichen. Nun finden wir einen grossen Teil dessen, was uns im 1. Stück bei Döllinger über die Waldesier berichtet ist, bei David von Augsburg fast wörtlich wieder. Davids Traktat wider die Waldesier aber fällt, wie ich anderwärts gezeigt habe, in die Jahre 1256—1272.[2] Die Frage ist nun, welcher von beiderlei Berichten für den andern die Quelle sei? Ich bezeichne für die Untersuchung den Inquisitor von Carcassonne mit C, David von Augsburg mit D.

C erzählt, ohne viel zu urteilen, den Ursprung der Sekte. die Exkommunikation derselben, ihre Ausbreitung bis in die Lombardei, und fährt dann fort: et praecisi ab ecclesia cum aliis haereticis se miscentes et eorum errores inbibentes suis adinventionibus antiquorum haereticorum errores et haereses miscuerunt. In einem folgenden Abschnitte werden dann diese Irrtümer angeführt, als erster die Verachtung der kirchlichen Gewalt, ex hoc excommunicati praecipitati sunt in errores innumeros. Dicebant etc. Folgt nun eine Reihe dieser Irrtümer.

Hier stimmt der Satz, dass die Waldesier, abgeschnitten von der Kirche, sich mit andern Häretikern verbunden hätten, als historischer Abschluss

---

1) Histoire générale de Languedoc T. V, p. 389 wird 1233 als das Jahr angegeben, in welchem den Dominikanern die Inquisition in Carc. übertragen wurde. T. VI, 414 enthält ein Schreiben der Inquisition v. C. vom J. 1236.
2) Der Traktat des Dav. v. Augsb. Abh. d. k. b. Ak. d. W. III. Cl. Bd. XIV, 2. Abth. München 1878.

zu dem vorhergehenden historischen Bericht, und der andere Satz, dass sie exkommuniziert in unzählige Irrtümer gestürzt seien, zu dem späteren, wo eine Reihe dieser Irrtümer angeführt wird.

In D sind nun diese beiden Sätze, die in C ziemlich entfernt von einander stehen, zu einem Ganzen zusammengezogen und als erster Satz dem Abschnitt über die Irrtümer vorangestellt; aber man erkennt bald, dass die einzelnen Glieder dieser Verbindung nicht wohl zu einander passen. Das Ganze lautet nämlich nun also: Hec fuit prima heresis eorum, contemptus ecclesiastice potestatis. Ex hoc traditi sathanae praecipitati sunt ab ipso in errores innumeros, et antiquorum hereticorum errores suis adinvencionibus miscuerunt, quia eiecti de ecclesia katholica se solos esse Christi ecclesiam et Christi discipulos affirmabant. Dieser letzte Satz quia eiecti etc. führt sich wie eine erstmalige Begründung des vorhergehenden Satzes ein, dass sie in Irrtümer fielen, und doch ist mit dem traditi sathanae vorher ein solcher Grund bereits angegeben. Sodann begreift man nicht, warum der Umstand, dass sie sich allein für die wahre Kirche hielten, Ursache gewesen sein soll, dass sie gerade die Irrtümer der alten Häretiker mit ihren Fündlein vermischt haben.

Vergleichen wir an einer andern Stelle. David will uns in den beiden Kapiteln De modo alloquendi und De modo docendi die Weise schildern, wie die Waldesier die Zuhörer für ihre Sekte zu gewinnen suchen. Nachdem er bereits durch eine Reihe von Sätzen gezeigt hat, wie sie durch den Schein eines heiligen Lebens und durch die Empfehlung alles geheim zu halten die Einfältigen zu verführen wissen, fährt er fort: Non enim facile cuiquam aperiunt secreta erroris sui, nisi postquam securi sunt quod credat eis in omnibus, timentes quod recedat ab eis et prodat eos. Primo ergo docent, quales deberent esse Christi discipuli etc. Jenes enim will also einen Satz einführen, der schon vorher Gesagtes durch Angabe eines Grundes erläutert. Da ist es nun doch einigermassen auffallend, dass derselbe Satz zugleich die Einleitung bildet zu einer Reihe von Sätzen, die gleichfalls Beispiele dafür geben wollen, dass die Waldesier nicht sofort mit der Thüre ins Haus fallen, d. h. nicht sofort mit ihren eigenen Lehren herausrücken, und dass sich diese Sätze mit einem Primo ergo docent einführen, während jenes enim doch anzeigt, dass schon vorher von Aehnlichem geredet worden ist.

Aber das Rätsel löst sich, wenn wir C vergleichen. Im natürlichen Fortschritt des Berichtens kommt dort der Darsteller von den perfecti der Waldesier auf deren Predigen bei den nächtlichen Zusammenkünften und fährt dann fort: Non autem statim in principio aperiunt eis errores suae sectae, sed prius dicunt, quales debent esse Christi discipuli etc. Hier leitet das autem zu etwas neuem über, das in der That vorher noch in keiner Weise berührt worden war, und das sed prius dicunt rechtfertigt sich damit von selbst. Wir können nun leicht erkennen, dass David den Satz in C mit seinem ganzen Gefolge gar wohl hat brauchen können, um seiner Rubrik De modo docendi einen weiteren Inhalt zu geben. Da er schon Stoff hiezu im Vorhergehenden gegeben, so konnte er das autem, welches ein neues erst erwarten lässt, nicht brauchen. Er macht ein enim daraus, wodurch er allerdings seine vorausgehenden Anführungen deckt, aber auch seine Compilation nur schlecht verhüllt, da das nachfolgende stehen gebliebene Primo den Schleier alsbald wieder zerreisst.

Auch folgender Umstand lässt uns in C den Vorgänger Davids erkennen. C sagt uns von abscheulichen Dingen, welche die Waldesier einst getrieben hätten und an einigen Orten noch treiben sollten, von Unzuchtsünden bei ihren nächtlichen Versammlungen, von der Erscheinung einer Katze, von einer Besprengung mit dem Schwanze derselben und anderem dergleichen, wie solches in den hierüber zusammengestellten Summulis erwähnt werde. Von einem Zweifel an der Wahrheit dieser Nachreden ist bei C noch keine Spur. Nun kennt auch David diese Nachreden; aber, so bemerkt er, non puto istius esse sectae nec aliquid horum veraciter intellexi ab illis quibus fidem adhiberem.

Da ist es nun nicht wahrscheinlich, dass C, wenn er aus D geschöpft hätte, Dinge, die dieser auf grund glaubwürdiger Berichte den Waldesiern abspricht, ohne weitere Bemerkung den Waldesiern sollte wieder zugeschrieben haben. David schreibt jene Dinge, wie wir aus dem Folgenden sehen, den Katharern zu. Auch C redet von den Katharern. Wenn er also um jeden Preis jene schlimmen Dinge erwähnen wollte, so hatte er dort Gelegenheit dies zu thun. Dass er sie, ohne ihre Wahrheit zu bezweifeln, erwähnt, ist ein Beweis, dass er David nicht gekannt hat. Dagegen ist es naheliegend anzunehmen, dass David unter denen, welche, wie David glaubt, irrtümlich den Waldesiern jene Dinge zuschrieben, auch unseren Inquisitor von Carcassonne mit gemeint habe.

Aehnlich wie mit dem Inhalte ist es mit dem Stile. Ich habe anderwärts die Eigentümlichkeiten des Stiles bei David hervorgehoben; er liebt es, das Besondere durch allgemeine Erfahrungssätze zu begründen und zu erläutern, den begleitenden oder begründenden Umstand in der Form eines Participialsatzes zu bringen, das charakterisierende Adjectiv in ein abstraktes Substantiv umzusetzen oder statt des konkreten Substantivs ein charakterisierendes Abstraktum zu wählen. Dabei sieht David auf einen leichten gefälligen Fluss der Rede. C hat von alledem nichts. Seine Rede ist vielfach schwerfällig, seine Konstruktion öfters unrichtig, von Redefiguren, die bei David so häufig sind, ist kaum eine Spur bei ihm.

Wenn wir daher bei David Schlussbetrachtungen zu der Entstehung der Sekte der Waldesier lesen wie: Sic superba praesumtio palliatae sanctitatis et affectatae singularitatis caecitatem induxit haereticae pravitatis etc., so werden wir die Quelle für dergleichen Sätze lediglich in David selbst suchen. Wenn wir ferner die schwerfällige und inkorrekte Periode bei C: Notandum tamen est, quod ipsi Valdenses dispensant in juramento, ut possint jurare pro morte sua vel alterius vitanda seu evadenda et etiam ne alios complices prodat aut secretum sectae suae revelet etc. bei David ihrer Schwerfälligkeit und Inkorrektheit entkleidet finden, indem wir lesen: Sed tamen dispensant, ut juret quis pro evadenda morte corporis vel ne alios prodat vel secretum revelet perfidiae suae, so werden wir auch hier in der Vereinfachung der Konstruktion oder in dem secretum perfidiae suae, wo C secretum sectae suae hat, die ändernde Hand Davids erkennen. Es ist ja kaum wahrscheinlich, dass C, wenn er einen Satz in besserer Fassung vorfand, denselben sollte wieder umständlicher und schwerfälliger gemacht haben.

Dass die Akten von Carcassonne, sei es direkt oder in Abschriften, die Quelle für David geworden seien, wird auch schon durch die Erwägung wahrscheinlich, dass man in Deutschland wohl eher Belehrung gesucht haben werde in dem Heimatlande der Waldesier und der Inquisition, als dass umgekehrt die südfranzösischen Inquisitoren bei einem deutschen Mönche sich sollten Rats erholt haben.

Ich habe meine früher aufgestellte Meinung, dass David in seinem Traktat über die Waldesier vornehmlich französische Waldesier im Auge habe, in meiner Abhandlung über das Verhältnis der Taboriten zu den Waldesiern des 14. Jahrhunderts gegen Müller zu rechtfertigen gesucht.[1]) Diese Rechtfertigung erhält nun eine weitere Unterstützung durch den Nachweis, dass die Akten von Carcassonne eine der Quellen gewesen sind, aus welchen David geschöpft hat.

Bernard Guidonis.[2])

Müller hat aus dem Umstande, dass eine grössere Zahl von Stellen des David von Augsburg in der Practica inquisitionis des Bernard Guidonis in gleicher oder fast gleicher Form sich findet, den Schluss gezogen, dass Bernard seine Angaben dem David entnommen habe. Wir sind nun durch die eben besprochenen Akten von Carcassonne imstande zu zeigen, dass Bernard, was er mit David Gemeinsames hat, aus diesen Akten und nicht aus David geschöpft hat, denn bei den kleinen Verschiedenheiten in der Fassung der Parallelstellen bei David und Bernard stimmt, wo nicht die Verschiedenheiten redaktioneller Natur sind, Bernards Fassung stets mit der in jenen Akten, niemals aber mit der Davids überein. Es wird dies aus folgender Nebeneinanderstellung ersichtlich.

Carc.	Dav.	Bern. Gu.
a. (7.) Prima haeresis fuit et adhuc perseverat, contemtus ecclesiasticae potestatis.	a. (206.) Hec fuit prima heresis eorum, contemptus ecclesiastice potestatis.	a. (245.) Valdensium itaque predictorum prima heresis fuit et adhuc perseverat contemptus ecclesiastice potestatis.
b. Notandum tamen est, quod ipsi Valdenses dispensant in juramento, ut possint jurare pro morte sua vel alterius vitanda seu	b. (208.) Sed tamen dispensant, ut juret quis pro evadenda morte corporis vel ne alios prodat vel secretum revelet perfidie sue.	b. Notandum tamen, quod ipsi Valdenses dispensant in juramento, ut possit inter eos quis jurare pro morte sua vel alte-

---

1) Abh. d. k. b. Ak. d. W. III. Cl. XVIII. Bd. 1. Abth. München 1887. S. 31 ff.
2) Practica inquisitionis heretice pravitatis auct. Bernardo Guidonis publ. per C. Douais. Par. 1886.

Carc.	Dav.	Bern. Gu.
evadenda et etiam ne alios complices prodat aut secretum sectae suae revelet.		rius vitanda seu evadenda, et etiam ne alios complices prodat aut secretum secte sue revelet.
c. Dicunt enim esse crimen inexpiabile et peccatum in Spiritum S., prodere aliquem de secta perfectum. (Text: per factum.)	c. Dicunt esse crimen inexpiabile et peccatum in Spiritum S., prodere hereticum.	c. Dicunt enim esse crimen inexpiabile et peccatum in Spiritum S. prodere aliquem de secta sua perfectum.
d. (10.) Continentiam laudant credentibus suis, concedunt tamen ut urenti libidini satisfieri debeat quocunque modo turpi, exponentes illud apostoli, quod melius est nubere quam uri, dicentes quod melius sit satisfieri libidini quocunque actu turpi, quam justum (wohl intus) in corde tentari.	d. (207.) Continenciam laudant, sed urente libidine concedunt ei satisfieri quocunque modo turpi, exponentes illud apostoli: Melius est nubere quam uri, quia melius sit quolibet actu turpi libidini satisfacere quam intus in corde tentari.	d. (249.) Continentiam laudant credentibus suis, concedunt tamen ut urenti libidini satisfieri debeat quocumque modo turpi, exponentes illud apostoli eorum (?): Melius est nubere quam uri, dicentes quod melius sit satisfieri libidini quocumque actu turpi quam intus in corde temptari.
e. Hoc autem valde tenent occultum, ne vilescant apud credentes suos.	e. Sed hoc tenent valde occultum ne vilescant. Si aliqua honesta, que casta putatur, peperit puerum, occultant et tradunt eum alibi alendum, ne prodantur.	e. Hoc autem valde tenent occultum, ne vilescant apud credentes suos.
f. Item collectas faciunt per credentes et amicos etc.	f. Dicunt illicitum esse omne juramentum etc.	f. Item collectas faciunt per credentes et amicos etc.

Es kann kein Zweifel sein, dass Guidonis aus C und nicht aus D geschöpft hat. In Satz a fehlt bei D das den beiden andern gemeinsame et adhuc perseverat. Satz b zeigt fast wörtliche Uebereinstimmung zwischen Guidonis und C, während D mehrere Male abweicht. Aehnlich ist es mit Satz c—e. So schliessen auch Guidonis und C den Satz f, welcher von den Kollekten spricht, in gleicher Weise an die vorhergehenden Sätze an, während D in e einen eigenen Zusatz hat, und in f statt von den Kollekten vom Schwur redet.

Aber auch in andern Stellen, wo Müller den Stephan von Borbone oder die Consultatio Tarraconensis als Quellen des Bernard Guidonis bezeichnet, oder auch in jenen, von welchen er glaubt, dass sie sein Eigentum sein könnten, zeigt eine Vergleichung, dass er aus jenen Akten von Carcassonne geschöpft hat, welche auch für David schon die Quelle waren.

Wir nehmen zuerst Stephan von Borbone.[1]) Er ist, nach der Zusammenstellung bei Lecoy, in der Diöcese Lyon geboren und tritt in Lyon in den Dominikanerorden. Er predigt 1235 zu Valence und wird bald nachher zum Inquisitor ernannt. Wohl nicht sehr lange war er mit diesem Geschäfte betraut, denn wir finden ihn in der Folge viel auf Reisen und mit andern Aufträgen. In den fünfziger Jahren schrieb er seine Erinnerungen nieder, um 1261 ist er zu Lyon gestorben.

Borbone hat in Lyon selbst manches über Waldez und den Ursprung der Waldesier gehört von solchen, welche den Stifter und die ersten Mitglieder selbst noch gekannt hatten. Er selbst hat den Grammatiker Stephan von Ansa und den Priester Bernard Idros noch gekannt, von denen der erstere dem Waldez die Evangelien und andere biblische Bücher, sowie Stellen aus den Kirchenvätern ins Romanische übersetzte, der letztere das ihm von Stephan Diktierte ins Reine schrieb. Was er so von andern über die Sekte gehört und was er selbst als Inquisitor aus dem Munde verhörter Waldesier vernommen, und endlich, was er in Inquisitionsakten über sie gelesen,[2]) das verwertet er in seinem Tractatus de diversis materiis praedicabilibus, den er in sieben Teile nach den sieben Gaben des heiligen Geistes teilt. Borbone ist ein lebhafter Anekdotenerzähler, ohne viel Urteil; er mengt leicht das Eigentümliche der verschiedenen Sekten oder Richtungen, die er schildert, durcheinander, wie er denn als das Fundament der Irrtümer der Waldesier die Lehre bezeichnet, dass die Seele der ersten Menschen ein Teil der göttlichen Substanz und Gottes Geist selbst oder ein Ausfluss von ihm sei. (S. 294.)

Dass nun Stephan von Borbone wenigstens nicht in dem wichtigen Abschnitt über den Ursprung der Sekte die Quelle für Bernard Guidonis

---

1) Anecdotes historiques — tirés du recueil inédit D'Étienne de Bourbon etc. par A. Lecoy de la Marche. Par. 1877.
2) l. c. 293 ff. sicut ego cognovi et inveni per multas inquisiciones et confessiones eorum in jure, tam perfectorum quam credencium, ab ore eorum conscriptas.

gewesen sei, wie Müller meint, sondern dass es die Akten von Carcassonne sind, aus denen er geschöpft hat, wird die Nebeneinanderstellung der folgenden Sätze zeigen:

Carc.	Borbone.	Guidonis.
S. 6: apostolorum sibi officium usurparunt, praesumentes per vicos et plateas evangelium praedicare, et Valdesius multos homines utriusque sexus complices sibi fecit ad similem praesumtionem, ipsos ad praedicandum tamquam discipulos emittebat, qui cum essent idiotae et illiterati, per villas discurrentes et domos penetrantes, tam viri quam mulieres in plateis ac etiam in ecclesiis, viri etiam maxime, praedicantes multos errores circumquaque diffuderunt.	S. 291 (Valdensis) — officium apostolorum usurpavit et praesumpsit, evangelia et ea que corde retinuerat, per vicos et plateas predicando, multos homines et mulieres ad idem faciendum ad se convocando, firmans eis evangelia. Quos eciam per villas circumjacentes mittebat ad predicandum, vilissimorum quorumcunque officiorum. Qui eciam, tam homines quam mulieres, idiote et illiterati, per villas discurrentes et domos penetrantes et in plateis predicantes et idem in ecclesiis, ad idem alios provocabant.	S. 244: — apostolorum sibi officium usurparunt et presumentes per vicos et plateas Evangelium praedicare; dictusque Valdesius seu Valdensis multos homines utriusque sexus viros et mulieres ad similem presumptionem complices sibi fecit, ipsosque ad predicandum tanquam discipulos emittebat. Qui cum essent ydiote et illiterati, per villas discurrentes et domos penetrantes, tam viri quam etiam mulieres, in plateis ac etiam in ecclesiis, viri maxime, predicantes multos errores circumquaque diffuderunt.

Die Vergleichung zeigt, dass Guidonis, trotz der mehrfach gleichen Ausdrücke bei Borbone, doch in der Form der Sätze und bei abweichenden Worten überall mit C stimmt.

Es entsteht nun die weitere Frage, ob Borbone in diesem Abschnitt die Quelle für die Akten von Carcassonne gewesen sein könne oder ob umgekehrt Borbone diese Akten benutzt habe. Manches, was Borbone über den Ursprung der Sekte berichtet, ist ja von vorneherein von dieser Erwägung ausgeschlossen. Es sind vor allem die Notizen, welche Borbone von dem Uebersetzer und Schreiber der Bibel bringt, welche aus unmittelbarer Erkundigung herstammen. Aber im übrigen möchte ich annehmen, dass Borbone aus unseren Akten geschöpft habe.

Ich stelle hier einige Stellen zum Vergleiche nebeneinander:

Carc.

Ortum habuerunt a cive quodam Lugduni Valdesio vel Valdensi, qui dives rebus exstitit, et relictis omnibus proposuit servare paupertatem et perfectum evangelium sicut apostoli servarunt.

Et cum fecisset conscribi sibi evangelia et aliquos alios libros de biblia in vulgari gallico, et etiam aliquas authoritates S. Augustini, Hieronymi, Ambrosii, Gregorii ordinatas per titulos, quas ipse et sequaces sui sententias appellarunt etc.

Borbone.

Quidam dives rebus in dicta urbe, dictus Waldensis, — — — proposuit servare perfectionem evangelicam ut apostoli servaverunt, qui rebus suis omnibus venditis etc.

— — audiens evangelia — fecit pactum cum dictis sacerdotibus, alteri ut transferret ei in vulgari, alteri ut scriberet — similiter multos libros Biblie et auctoritates sanctorum multas per titulos congregatas, quas sententias appellabant.

Hier scheint bei Borbone das quas sententias appellabant auf die flüchtige Benützung einer genaueren Vorlage hinzudeuten, denn der Plural des Verbums hat bei ihm kein Subjekt, auf das er sich bezieht.

Aehnlich scheint es ein paar Zeilen weiter unten zu sein:

Carc.

Exinde excommunicati ex illa civitate et patria sunt expulsi

Borbone.

Post expulsi ab illa terra — —

Die Waldesier wurden aus Lyon vertrieben. Borbone schreibt seinen Bericht über die Waldesier in Lyon. Hätte er wohl von Lyon als einer entfernten Stätte — ab illa terra — gesprochen, wenn er hier nicht der blosse Abschreiber einer Vorlage gewesen wäre, die jenes illa hatte?

Borbone hat ferner den Stifter der Sekte bereits mehrmals genannt, er sagt zuerst, dass die „Waldenser" von dem Urheber ihrer Sekte, einem gewissen „Valdensis", ihren Namen hätten, er bemerkt dann, woher sie die Armen von Lyon hiessen und warum sie sich selbst die Armen am Geiste nannten, er spricht weiter von Bernard Idros, der dem „Valdensis" einige Bücher um Geld abgeschrieben, und von Stephan von Ansa, der ihm biblische Bücher übersetzt habe, und fährt dann, als ob er den Waldez noch gar nicht genannt hätte, fort: Quidam dives rebus in dicta urbe. dictus Valdensis etc. Man könnte meinen, Borbone wolle hier nur die Worte vom Ursprung der Sekte wiedergeben, wie er sie etwa von den beiden Priestern gehört hatte, allein das ist nicht der Fall, denn er bringt jenes Quidam dives rebus etc. als seine eigene Erzählung. Aber es erklärt sich dieser Satz, der das Ansehen einer ersten Einführung des Waldez hat, einfach daraus, dass er hier anfängt, die Akten von Carcassonne zu benutzen, und diese führen Waldez in solcher Weise ein. Auch aus anderen Stellen wird die Priorität von C ersichtlich. C sagt, aus welchen vier Kirchenlehrern die Waldesier ihre autoritates zusammengestellt hätten, quas sententias appellarunt. Borbone spricht nur allgemein von auctoritates sanctorum; C weiss nur von „einigen" biblischen Büchern ausser den Evangelien und von einigen autoritates, Borbone von vielen biblischen Büchern und von vielen autoritates; ferner sagt C, dass die Waldesier von Lyon aus sich verbreitet und zu den eigenen fremde Häresien aufgenommen hätten, in einer genaueren Weise als Borbone, wie aus folgendem zu ersehen ist:

<table>
<tr><td>Carc.
Exinde excommunicati ex illa civitate et patria sunt expulsi — sic multiplicati super terram disperserunt se per illam provinciam et per partes vicinas et contines Lombardiae, et, praecisi ab ecclesia, cum aliis haereticis se miscentes et eorum errores imbibentes suis adinventionibus antiquorum haereticorum errores et haereses miscuerunt.</td><td>Borbone.
Post expulsi ab illa terra — — Postea in Provincie terra et Lumbardie cum aliis hereticis se admiscentes et errorem eorum bibentes et serentes, heretici sunt judicati etc.</td></tr>
</table>

Es ist viel leichter denkbar, dass Borbone jenen Satz über die autoritates und jenen über die Ausbreitung der Waldesier und ihre Vermischung mit andern Häretikern aus dem eingehenderen C gezogen, als dass umgekehrt C den allgemeiner redenden Borbone überall durch Zusätze ergänzt habe. Dazu ist es wahrscheinlicher, dass aus den „einigen" biblischen Büchern und Autoritäten bei dem leicht den Mund etwas voll nehmenden wortreichen Borbone „viele" Bücher und Autoritäten geworden sind, als umgekehrt, dass C das multos, wenn er es vorfand, auf ein aliquos sollte ermässigt haben, da ja Borbone in Hinsicht des Ursprungs der Sekte manches aus persönlicher Ueberlieferung, wie er selbst sagt, geschöpft haben konnte, so dass ein Abschreiber sich hier wohl kaum eine Abänderung erlaubt hätte. So bekräftigen auch diese Umstände die Annahme, dass C den Borbone nicht gekannt habe, dass also von beiden es Borbone gewesen sein müsse, welcher den andern benutzt hat. Müller meint ferner, Bernard Guidonis schöpfe die Stelle über die Lehre der Waldesier vom Abendmahl aus der Consultatio Tarraconensis ad inquisitores.[1]) Diese fällt in das Jahr 1242, und zu ihr gehört auch, wie Müller nachgewiesen hat,[2]) jene Abschwörungsformel bei Martène, in welcher die Stelle über das Abendmahl vorkommt. Aber dass Guidonis aus den Akten von Carcassonne und nicht aus der Consultatio Tarraconensis schöpfe, wird wieder die Gegenüberstellung der drei Texte ergeben:

Carc. 7.	Consult. Tarrac. V, 1800.	B. Guidonis 246.
Dicunt non publice sed in secreto suo, quod in sacramento altaris panis et vinum non efficitur corpus et sanguis Christi, si sacerdos celebrans et consecrans sit peccator, et reputant quemlibet hominem peccatorem, nisi sit de secta ipsorum. Item, dicunt quod consecratio corporis et sanguinis Christi potest fieri a quolibet justo, quamvis sit laicus, dum tantum sit de secta ipsorum, et hoc etiam credunt de mulieribus, dummodo sint de secta ipsorum, et ita dicunt, quod omnis sanctus est sacerdos.	Item, quod in sacramento altaris panis et vinum, postquam consecratum est, non efficitur corpus et sanguis Christi, si sacerdos sit peccator, et quemlibet reputant peccatorem, nisi sit de secta eorum. Item quod consecratio corporis et sanguinis Christi potest fieri a quolibet justo, licet laico, dum tamen sit de secta eorum, quamvis non sit presbyter ab episcopo catholico ordinatus.	Circa sacramentum vero eucharistiae errant dicentes non publice sed in secreto suo, quod in sacramento altaris panis et vinum non efficitur corpus et sanguis Christi, si sacerdos celebrans aut consecrans sit peccator, et reputant quemlibet hominem peccatorem, nisi sit de secta ipsorum. Item, dicunt quod consecratio corporis et sanguinis Christi potest fieri a quolibet justo, quamvis sit laycus nec sit sacerdos aut presbiter ab episcopo catholico ordinatus. dum tamen sit de secta ipsorum, et hoc etiam credunt de mulieribus, dummodo sint de secta ipsorum, et ita dicunt quod omnis sanctus est sacerdos.

---

1) Mansi. Conc. coll. XXIII 553 sqq. und Martène et Durand Thes. nov. anecd. V, 1799 E bis 1801 A.
2) a. a. O. S. 142 ff.

Hier stimmen C und Guidonis vom Anfang bis zu Ende und zwar Wort für Wort überein, nur dass bei C ein Satz: nec sit sacerdos aut presbiter ab episcopo catholico ordinatus ausgefallen ist; ausgefallen, denn bei der sonst wörtlichen Uebereinstimmung ist hier nur ein Uebersehen des Schreibers anzunehmen. Die Consult. Tarr. weicht aber von C und Guidonis mehrfach ab. C und Guidonis haben beide non publice sed in secreto suo, was bei Tarr. fehlt, beide haben nicht das postquam consecratum est und das dem entsprechende prädikatlose sacerdos, beide haben nicht licet laico sondern quamvis sit laicus, beide haben endlich die Stelle von der Consekration des Brodes und Weines durch Weiber und den Satz: ita dicunt quod omnis sanctus est sacerdos. während beides bei Tarr. fehlt.

Die Inquisition war im Gebiete der Erzdiözese Tarragon erst vor kurzer Zeit eingeführt. Es waren insbesondere die Waldesier, gegen welche sie vorging.[1]) Da die Inquisitoren um des einheitlichen Verfahrens willen fester Regeln und Grundsätze für ihr Vorgehen bedurften, so rief der Erzbischof Petrus den berühmten Kanonisten, den Dominikaner Raymund von Pennaforte und andere Kleriker, welche im Prozesse gegen die Ketzer Erfahrung hatten, herbei, und nach deren Gutachten wurden auf dem Provinzialkonzil zu Tarragon 1242 die Bestimmungen für die Inquisitoren aufgestellt, welche wir in der Consultatio Tarraconensis vor uns haben. Da ausdrücklich bemerkt ist, dass der Erzbischof solche Männer zu Rate gezogen habe, welche im Inquisitionsprozesse Erfahrung gehabt hätten, und da es hauptsächlich Waldesier waren, die man verfolgte, so sind vermutlich jene Ratgeber Inquisitoren der benachbarten Erzdiözese Narbonne gewesen, wo die Inquisitionstribunale zu Carcassonne und Toulouse seit mehreren Jahren gegen die Waldesier in Thätigkeit waren. So erklärt es sich, wenn wir in der Formel, welche für Waldesier, die ihre Lehre abschworen, spätestens im Jahre 1241 verfasst wurde,[2]) ganze

---

1) In Eimerici Directorium Inquisitorum cum comm. Peniae, Ven. 1595 f. 220 heisst es in dem Eingang zu den Mitteilungen aus dem Konzil von Tarragon: Attendendum tamen, quod nondum erant in provincia Tarraconensi Inquisitores, nec sextus, nec Clementinae nec Consultata ad Inquisitores.

2) Die Erwähnung des Papstes Gregor als eines noch Lebenden erfordert obige Zahl. Dass Gregor IX. und nicht Gregor X. gemeint sei, hat Müller mit dem Hinweis auf den gleichzeitigen

Stellen über die waldesischen Lehren vom Abendmahl wieder finden, die den Akten von Carcassonne entnommen sind. Weisen uns nun schon David und Borbone für jenen Teil der Akten von Carcassonne, der im 1. Stück von Döllingers Dokumentenband sich findet, auf die erste Hälfte des 13. Jahrhunderts zurück, so werden wir nun, nachdem wir dieses Stück als dem Konzil von Tarragon vorausgehend erkannt haben, dasselbe in die Zeit von 1233 —1241 zu setzen haben.

Die Protokolle der Inquisition von Languedoc.[1])

Bernard Guidonis hat uns in seiner Practica inquisitionis auch wertvolle Angaben über die Verfassung der französischen Waldesier gemacht, welche zuerst Müller verwertet hat. Aber jene Angaben bei Guidonis lassen noch manche Lücken und Zweifel. Da ist es nun erwünscht, dass wir in Döllingers Auszügen aus den Protokollen der Inquisition von Languedoc auch die Aussagen des waldesischen Diakonus Raymund von Costa in sehr umfangreicher Weise mitgeteilt finden, aus welchen, wie eine Vergleichung zeigt. Guidonis die meisten seiner Mitteilungen über die Verfassung der französischen Waldesier geschöpft hat.

Ueber die Verfassung der französischen Waldesier in der älteren Zeit.

Einleitendes.

Jenes Wort des griechischen Philosophen: $σῶμα$ $σῆμα$· $τύπος$ $γάρ$ $ἐστι$ $τὸ$ $σῶμα$ $τῆς$ $ψυχῆς$· lässt sich auch von der Verfassung einer Genossenschaft sagen: die Verfassung ist immer ein charakteristischer Ausdruck des Geistes, der in einer Gemeinschaft waltet. Da müsste nun freilich die Verfassung wie das Wesen der waldesischen Gemeinschaft weit

---

Erzbischof P. begründet. Und dies mit Recht. Erzbischof Petrus ist gemeint, der von 1238—1251 regierte. In der Zeit Gregor X. regiert in Tarragon kein Erzbischof, dessen Name mit einem P. anfängt.
1) Döllinger. Dokumente No. 7, S. 97—251. Auszüge aus dem Cod. Vat. 4030: Protokolle der Inquisition in Languedoc.

weniger Interesse für uns haben, als es bisher fast allgemein der Fall war, wenn Müller mit seiner Ansicht Recht hätte, nach welcher bei den Waldesiern der römischen Hierarchie nur eine andere entgegengestellt war, in der die priesterlichen Funktionen kaum anders gefasst wurden als in jener. Aber wenn je der Satz galt: Si duo faciunt idem, non est idem, so darf er hier gelten. Die Waldesier behaupteten wohl auch, Bischöfe, Presbyter und Diakonen zu haben wie die römische Kirche; aber sie hatten diese ordines nur, weil sie dieselben auch in der Schrift fanden; mit allen übrigen hierarchischen Abstufungen hatten sie aufgeräumt, weil sie dieselben nicht durch die Schrift begründet fanden. Sie scheinen nicht einmal jene Namen gebraucht zu haben. Ihr Majoralis war nur gleich einem Bischof, er hiess in der Regel nicht so. Schon die Weise, wie er gewählt wurde, führt, wie wir unten sehen werden, auf eine ganz andere Grundlage der Verfassung. Dann hat auch die Gewalt. die er übt, einen anderen Charakter. „Sein Hirtenstab", sagt der waldesische Diakon Raymund von Costa vor dem Inquisitor, „sind die Drohungen der Schrift gegen die Sünde". Auch sie haben die Abendmahlsfeier, aber sie tritt nicht wie in der römischen Kirche in den Vordergrund, sondern die Predigt des göttlichen Wortes ist es, die den Hauptgegenstand ihrer priesterlichen Funktionen bildet. Und bei der Abendmahlsfeier ist die ganze Messordnung beseitigt: nur was in der Schrift begründet ist, ist beibehalten. Und so fast in allen Stücken. Der Geist ist ein anderer. Wir haben hier ein ganz neues reformatorisches Prinzip, das mit bewusster Entschlossenheit unter allen Bedrängnissen festgehalten wird und dem ganzen religiösen Wesen der Waldesier ein unterscheidendes Gepräge gibt. Die Waldesier setzen der Autorität des Papstes die Autorität der Schrift gegenüber. Auf Grund der Schrift prüfen sie die vorhandenen Zustände und versuchen einen Neubau, als die herrschende Kirche sie ausgestossen hatte. Mochte auch ihr Schriftverständnis noch vielfach beschränkt und gebunden sein, sie trugen in ihrem Grundsatze der ausschliesslichen Autorität der Schrift die Zukunft in sich. Gegen Ende des Mittelalters hatte ihre Forderung eines schriftgemässen Christentums in allen Teilen des Abendlandes ihre Vertreter. Die beiden Schriftsteller David von Augsburg und der Passauer Anonymus, welche im 13. Jahrhundert eingehend über sie schrieben und bei der Inquisition gegen sie beteiligt waren.

haben richtig gefühlt, wenn sie unter allen Sekten, die damals der Kirche zu schaffen machten, die der Waldesier als die gefährlichste bezeichneten. Der Passauer Anonymus nennt als Grund hiefür unter andern ihr frommes Leben vor den Menschen und ihren Glauben; denn sie glaubten an all das, was im apostolischen Symbolum gelehrt werde.[1]) Die Waldesier haben sich allein unter allen Sekten des Mittelalters bis auf die Gegenwart erhalten, denn die Taboriten und die aus ihnen hervorgegangenen böhmischen und mährischen Brüder sind nur die geistigen Söhne der Waldesier. Sie haben sich erhalten trotz der furchtbaren Verfolgungsstürme, welche die übermächtige Kirche gegen sie entfesselte. Es lassen sich mancherlei Gründe zur Erklärung dieser Thatsache anführen, innere, mehr im Wesen der Sekte liegende, und solche, welche mehr äusserlicher Natur sind, aber doch auch wieder ihre Wurzeln im Wesen der Sekte haben. Die Gründe der ersteren Art dürften alle auf ihren Gehorsam gegen das Wort der Schrift zurückzuführen sein; unter den mehr äusserlichen Gründen aber wird man wohl ihre Organisation als eine der vornehmsten Ursachen ihrer Stärke in den alten sturmvollen Zeiten betrachten dürfen.

Perfecti.

Die Bezeichnung solcher, welche sich durch eine besondere und für vollkommener geachtete Lebensweise von den gewöhnlichen Gläubigen unterschieden, als perfecti soll ohne Zweifel an jenes Wort Christi Matth. 19. 21 erinnern, welches er zu dem reichen Jüngling sprach: Willst du vollkommen sein, so verkaufe was du hast etc. Schon bei den alten

---

1) Anon. Pat. Clm. 311 f. 80 b, auch Max. Bibl. XXV, 264: Inter quas omnes sectas quae sunt vel fuerunt, non est perniciosior ecclesie dei quam Leonistarum, et hoc tribus de causis: Prima est, quia est diuturnior. dicunt, quod duraverit a tempore Silvestri, alii dicunt, quod a tempore apostolorum. Secunda, quia est generalior. fere enim nulla terra est, in quam hec secta non serpat. Tertia quia cum omnes alie immanitate blasphemiarum in deum audientibus hororem iudicant, hec Leonistarum magnam habent speciem pietatis eo, quod coram hominibus iuste vivant, et bene omnia de deo credant. et omnes articulos qui in simbolo continentur, solummodo Romanam ecclesiam blasphemant et clerum, cui multitudo Caycorum facilis ad credendum.
Dav. v. Augsb. cap. 3: Inter alios modernos hereticos in terra nostra magis nocivi videntur hic, qui Pauperes de Luguduno vocantur, quorum robur maxime in ypocrisis palliacione consistitet falsi nominis sciencie inctatione (ihre Schriftkenntnis ist gemeint).

Manichäern heissen die Lehrer der Sekte im Unterschiede von ihren auditores die τέλειοι oder die perfecti, und zwar ist es hier die Heiligkeit des Lebens nach der Auffassung der Sekte, welches den perfecti in dem grossen Befreiungsprozesse vom Reiche der Finsternis die nächste Stellung dem Reiche des Lichtes gegenüber verleiht und sie für die auditores zu Mittlern für das Lichtreich macht.[1]) In gleicher Weise gelten bei den Neu-Manichäern oder Katharern die perfecti infolge der Geistestaufe, die sie empfangen hatten, als die sittlich Reinen, als solche, die nicht mehr sündigten.[2])

Auch in der Kirche sprach man von perfecti und von einem status perfectionis. In einer Schrift, welche vor der Gründungszeit der Waldesier geschrieben ist, wird zwischen einer perfectio in affectu und einer perfectio in effectu unterschieden.[3]) Jene ist die des inneren Lebens, die Vollkommenheit in der Liebe, diese die Vollkommenheit der äusseren Lebensformen, welche der mönchische Stand mit sich bringt.[4]) Aehnlich unterscheidet Thomas zwischen perfectio vitae und perfectio status. Damit, dass jemand in einen status perfectionis tritt, und als solche Stände bezeichnet Thomas den Stand der Bischöfe und den der Mönche, bekennt er noch nicht, dass er ein perfectus sei, sondern dass er es werden wolle.[5])

Auch bei den Waldesiern findet sich für das Haupt der Sekte, den Majoralis, sowie für die Presbyter und die Diakonen die Bezeichnung als perfecti. Nicht haben etwa die Inquisitoren diesen Ausdruck von den Manichäern auf sie übertragen, weil ihnen hier ein ähnliches Verhältnis wie dort zwischen perfecti und auditores vorzuliegen schien, sondern der Ausdruck muss, wie aus dem Verhör des waldesischen Diakonus Raymund von Costa hervorgeht, bei ihnen selbst in Anwendung gewesen sein. Sie wendeten diesen Ausdruck auf alle ihre Diener, nicht bloss auf ihren

---

1) Vgl. Neander, Allg. Gesch. der christl. Rel. und Kirche, 4. Aufl. II, 217.
2) Döllinger, Beitr. zur Sektengesch. des Mittelalters, Bd. 1, Geschichte d. gnost.-manich. Sekten, S. 205 f.
3) Dialogus inter monachum Cluniacensem et Cisterciensem bei Martène et Durand, Thes. nov. anecd. T. V. 1569 sqq. S. das. p. 1643.
4) l. c. Cloniacensis (sic): Profer in medium aliquas partes illius perfectionis, quae in effectu est, ut manifestiora fiant, quae dixisti. Cisterciensis: Prandium dominici diei in hieme videtur regula nostra negare, sed quia canones et Aegypti patres dominicum diem a jejunio exceperunt, habemus illud prandium legitimum etc.
5) Summa, sec. sec. quaest. 184, art. 4 und 5.

Majoralis an; denn dass sie einmal den Stand des Majoralis als einen gradus oder ordo perfectionalis bezeichnen, soll nur heissen, dass ohne den Majoralis der ordo, der nach ihnen in drei Gliedern, dem Episkopat, Presbyterat und Diakonat besteht, nicht vollständig wäre.[1]) Die perfectio eignet also gleichmässig den drei ordines. Die Frage ist nun weiter, ob die französischen Waldesier wie die Manichäer dafür hielten, dass die Kraft der priesterlichen Handlungen ihrer perfecti auf der Vollkommenheit des Lebens derselben beruhe, oder ob sie dieselbe durch die Ordination begründeten und die apostolische Lebensweise nur als eine Folge, die ihr neuer Stand mit sich brachte, betrachteten. Hierüber aber gibt uns jener waldesische Diakonus Raymund von Costa hinreichenden Aufschluss. Nachdem er vorausgeschickt, dass bei ihnen keiner ein perfectus sei, der nicht mindestens die Ordination zum Diakonat empfangen, und der in solcher Eigenschaft das Gelübde der Armut, der Keuschheit und des Gehorsams gethan habe, heisst es bezeichnend: sed perfectio eorum status consistit magis in statu ordinis diaconatus, quam in votis praedictis.[2]) Also das was die Diakonen etc. zu perfecti macht, das ist nicht sowohl die Vollkommenheit ihres unter den Gelübden stehenden Lebens, sondern der ihnen übertragene Stand der Vollkommenheit. Die Ordination bedingt die Form ihres nunmehrigen Lebens, nicht ist es diese Form und Weise des Lebens, worauf der ordo und seine Kraft ruht. Die Auffassung ist also ähnlich wie bei Thomas.

Die perfecti bilden den Kern der Sekte, aber nicht die Sekte allein. Sie nennen sich Pauperes Christi, Pauperes de Lugduno (Cod. Vat.), Pauperes spiritu (Sendschr.), Waldesier. Von ihnen aus geht dann der Name auch auf die credentes, die Gläubigen über.[3]) Letztere heissen auch amici, auditores, während die perfecti sich selbst fratres nennen.[4])

---

1) Doc. 98: Quia inter nos non esset perfectus ordo, qui consistit in tribus ordinibus, episcopatu, presbyteratu et diaconatu, sine eo qui debet habere ordinem majoralem, qui ordo est gradus perfectionalis.
2) Prot. v. Languedoc Döll. Doc. 108, cf. 117: Item dixit, quod magis consistit perfectio status evangelici in illo, qui fecit votum et accepit diaconatum, in receptione ordinis diaconatus quam in votis.
3) Dies liegt schon darin, dass es von den perfecti heisst: ipsi vocantur proprie Valdenses, Akten v. Carcassonne Doc. 12, oder dass im Lib. sent. unterscheidend von Valdenses perfecti gesprochen wird.
4) Sendschr. cc. 1230: Otto de Ramazello, dei gratia confrater pauperum spiritu — — di-

Wer nun von den Gläubigen der Waldesier in den Stand der perfecti aufgenommen zu werden wünschte, hatte hiefür in der früheren Zeit die Erlaubnis des Generalkapitels, bei welchem die höchste Gewalt war, nötig. Die Erlaubnis beschränkte sich zunächst nur auf eine Annahme zur Vorbereitung für die Aufnahme. Angenommen wurden nur solche, welche bisher einen frommen Wandel geführt hatten und hoffen liessen, dass sie die nötigen Anlagen für das Schriftstudium hätten.[1]) Sie wurden für's erste einem Hospiz zugewiesen, wo sie sich unter Aufsicht des Vorstandes desselben und eines für das Schriftstudium angestellten Lehrers für die Aufnahme vorzubereiten hatten. Die Zeit der Vorbereitung scheint früher in der Regel nur gegen [3] 4 Jahre gedauert zu haben, später währte sie wenigstens 6 Jahre.[2]) Den Hauptteil des Unterrichts bildete die Unterweisung in der Schrift. Selbstverständlich wurde dabei eine Uebersetzung in der Landessprache zu grunde gelegt, für welche in Frankreich wohl jene Bücher, welche sich Waldez hatte übersetzen lassen, den Stamm bildeten. Abschnitte zum Auswendiglernen wurden aufgegeben,[3]) für die Lehren der Waldesier die Beweise in der Schrift nachgewiesen, die Stellen, welche zur Widerlegung der römischen Lehre, zur Verteidigung gegen die Angriffe der Gegner dienten, zum Gegenstande der Besprechung gemacht.[4]) Auch nach der Aufnahme in den Stand der perfecti, während

---

lectis in Christo fratribus ac sororibus, amicis et amicabus etc. Cod. Vat. lat. 2648 Nr. 1 und 7. Die Nummern sind dem Text des Traktats am Schlusse dieser Abhandlung beigesetzt.

1) So sicher schon in der früheren Zeit, wie schon aus dem vat. Traktat hervorgeht, welcher die Bedingungen nennt, unter denen die unter die perfecti aufgenommenen zu der höheren Stufe der sandaliati zugelassen wurden. Dann aus dem Anfang des 14. sc. Cod. Vat. 4030, Doc. 132: Dixit etiam, quod sie recipiunt homines ad sectam suam, quod primo inquiritur, si ille qui vult recipi, est filius parentum fidelium et deinde si est bonae conversationis et aptus ad addiscendum.

2) Cod. Vat. 2648 Nr. 31: Item in dicto capitulo ordinatur de his qui in dicta secta cupiunt profiteri et consolari, et illi, de quibus conceditur, postea consolantur et mansio seu societas assignatur eisdem, in qua permanere debeunt illo anno. Später nach Cod. Vat. 1030, Doc. 132: quod si sit talis (i. e. aptus ad addiscendum), instruitur et docetur de secta eorum per sex annos ad minus, et si dicto tempore fuerit repertus aptus, eligitur in diaconum etc.

3) l. c. Nr. 20: Post hoc illi tam homines quam mulieres, qui scripturam volunt addiscere, recipiunt a suis doctoribus lectionem, et lectionibus receptis et pluries repetitis faciunt postea id quod volunt etc.

4) Borbone l. c. 280 sagt von einem gefangenen Waldesier, quod bene erant octodecim anni, quod ab illa terra (Jonvelle an der Saône) recesserat causa heresis addiscende. Qui, ut ipse recognovit nobis, per totum dictum spacium apud Mediolanum studuerat in secta hereticorum Val-

der Zeit des Diakonats, wurde das Schriftstudium noch viele Jahre hindurch fortgesetzt. Fast alle Quellen berichten deshalb von der ausserordentlichen Schriftkenntnis der Waldesier. Sonst illiterati, idiotae, hätten sie in diesem Punkte die gelehrtesten Doktoren übertroffen.[1] Und es war nicht, wie Müller meint, ein bloss mechanisches Auswendiglernen der Schrift. Was David von Augsburg darüber sagt, ist nur die Ausflucht der Verlegenheit. Das Sendschreiben der lombardischen Armen, die Argumente der Waldesier gegen die römische Lehre, wie sie uns von Bernard von Fontcaude, Moneta und andern römischen Quellen mitgeteilt werden, zeigen den Ungrund dieser Meinung. Auch lässt es sich nach der Lehre der Waldesier gar nicht anders erwarten, als dass das Studium der Schrift bei ihnen auf das eifrigste betrieben worden sei. Die Schrift war ihnen ja ihrer Lehre zufolge die einzige Regel und Richtschnur für Glauben und Leben. ihre einzige Waffe wider die Feinde; mit der Schrift mussten sie ihr Auftreten, ihre Trennung von der Kirche vor sich und andern rechtfertigen: kurz, ein schriftgemässes Christentum war das Wesen der Sekte — wie hätte es da bei einer bloss mechanischen Aneignung der Schrift bleiben können?

War die Zeit der Vorbereitung erfüllt und hatte der Aufzunehmende sich als geeignet erwiesen, so wurde er in feierlicher Weise von dem Vorstande des Hospizes in Gegenwart der Mitglieder desselben in den

---

densium, firmans novum testamentum corde et multa veteris, per que posset sectam suam defendere et nostram fidem impugnare, similiter raciones, quascunque poterat.

Nach den Protokollen von Languedoc hat der oben genannte Raymund von Costa nach seiner Ordination zum Diakonus noch 2 Jahre lang von dem Majoralis Johann von Lothringen Unterricht in der Schrift gehabt, dann weitere 7 Jahre von einem anderen Lehrer. Ein Jahr lang hatte er sich auch mit dem Studium der Grammatik beschäftigt.

1) Vergl. hierüber Borbone in der vorigen Anmerkung. Pass. Anon. bei Flacius Cat. test. ver. Frcf. 1666 S. 641: Tertia causa est, quia novum testamentum et vetus vulgariter transtulerunt et sic docent et discunt. Vidi et audivi rusticum idiotam, qui Hiob recitavit de verbo ad verbum, et plures alios, qui novum testamentum totum sciverunt perfecte etc. Hieher gehört auch das Zugeständnis, das in den Worten Davids von Augsburg liegt a. a. O. S. 212: Omnis gloriacio eorum est de singularitate, quod videntur sibi prae ceteris scioli, quod aliqua evangelii verba vel epistolarum sciunt corde vulgariter recitare. In hoc praeferunt se nostris non solum laycis sed eciam literatis, stulti, non intelligentes, quod sepe puer XII annorum scolaris cencies plus scit etc. folgt nun nicht eine Läugnung der Thatsache, dass die Waldesier die Gelehrten an Schriftkenntnis überträfen, sondern die Bemerkung, dass die Kenntnis der Grammatik mehr wert sei als mechanisches Auswendiglernen.

Stand der perfecti aufgenommen. Dem Akt der Aufnahme ging eine Predigt des Vorstehers des Hospizes vorher, dann wurde der Kandidat nochmals an die der Sekte eigentümlichen Lehren und Ordnungen sowie an die Gelübde der Keuschheit, der Armut, der Demut (humilitas) und des Gehorsams erinnert, die er nun abzulegen habe, und an die Pflicht, lieber zu sterben als einen der genannten Punkte zu übertreten. Auch die Gefahren wurden hervorgehoben, denen er als künftiger Lehrer der Sekte entgegengehe und noch einmal alles in seine freie Entschliessung gestellt. Der Kandidat verpflichtete sich zu jedem der erwähnten Punkte im einzelnen, dann warf er sich nieder, ward von den Umstehenden wieder aufgenommen und empfing den Friedenskuss, wenn es ein Mann war, von den Männern, wenn ein Weib, von den Weibern.

Denn auch Weiber wurden in den Stand der perfecti aufgenommen und predigten dann das Wort.[1]) In dem Sendschreiben der lombardischen Armen werden dieselben als sorores den fratres zur Seite gestellt und von den amicae, den Frauen unter den credentes unterschieden. Predigende Frauen sind in den Zeiten des 12.—14. Jahrhunderts keine seltene Erscheinung; wir wollen unter andern nur an Hildegard von Bingen, Elisabeth von Schönau, Jutta von Sangershausen, Christina von Engelthal erinnern. Bei den Waldesiern scheinen sie im Anfang zahlreich gewesen zu sein. Im Verlaufe der Zeit aber mögen üble Nachrede und wirkliche Missstände und Aergernisse dahin geführt haben, das Predigen der Frauen zu beschränken und die Aufnahme in den Stand der perfecti zu erschweren, denn in den Quellen des 14. Jahrhunderts ist kaum mehr von predigenden Frauen bei den französischen Waldesiern die Rede. Doch muss es, nach einer Bemerkung in den Akten von Languedoc zu schliessen,

---

1) Bernard v. Fontcaude, Max. Bibl. XXIV f. 15s9: praedicant omnes passim et sine delectu conditionis, aetatis et sexus. f. 1597: — quia foeminas, quas in suo consortio admittunt, docere permittunt. Hunc errorem confirmare nituntur exemplo Annae prophetissae. Cod. lat. vat. 2648: In ipsa secta homines et mulieres recipiuntur et fratres et sorores nuncupantur. Akten v. Carcassonne, Doc. 6: Qui cum essent idiotae et illiterati, per villas discurrentes et domos penetrantes, tam viri quam mulieres in plateis ac etiam in ecclesiis, viri (etiam) maxime, praedicantes multos errores circumquaque diffuderunt. Ihnen folgend Borbone l. c. p. 291: evangelia et ea quae corde retinuerat per vicos et plateas predicando, multos homines et mulieres ad idem faciendum ad se convocando — qui etiam, tam homines quam mulieres, idiotae et illiterati, per villas discurrentes et domos penetrantes et in plateis predicantes et eciam in ecclesiis, ad idem alios provocabant.

damals noch Frauen gegeben haben, welche dem Stande der perfecti angehörten.[1]
Profiteri und consolari nennt der vatikanische Traktat die Aufnahme in den Stand der perfecti. Die erstere dieser Bezeichnungen ist klar, sie bezieht sich auf das Gelübde der Aufzunehmenden. Die zweite Bezeichnung erinnert an das Consolamentum d. i. die Geistestaufe der Katharer. Dieser Geistestaufe wurde in jener Sekte eine sündlos machende Kraft zugeschrieben, sie wurde durch Handauflegung erteilt, und der sie empfangen hatte, galt als ein perfectus. gleich wie auch bei den Waldesiern das profiteri und consolari zum perfectus machte. Aber es wird sich im folgenden zeigen, dass bei den Waldesiern der Mitteilung des Geistes, welche auch nach ihrer Anschauung mit der Aufnahme unter die perfecti verbunden war, eine ganz andere Bedeutung gegeben wurde als bei den Katharern.

Aus Moneta. aus den Akten von Carcassonne (Doc. 9), aus den Protokollen von Languedoc und aus anderen Quellen ersieht man, dass die Waldesier die drei ordines des Diakonats, Presbyterats und Episkopats als schriftmässig und notwendig angesehen und dieselben zu besitzen geglaubt haben.[2] Doch scheint es, als hätten sie mit der Sache sich begnügt und sich der Namen in der Regel nicht bedient. Wenigstens gilt dies zu Anfang des 14. Jahrhunderts von dem Namen des Bischofs.[3] Nun war aber den Protokollen von Languedoc zufolge keiner ein perfectus, der nicht wenigstens zum Diakon ordiniert war und als solcher die Gelübde der Armut, der Keuschheit und des Gehorsams abgelegt hatte. Daraus muss man schliessen, dass die Aufnahme in den Stand der

---

1) Doc. p. 144: Confessio Huguetae. uxoris Joannis de Vienna. haereticae perfectae sectae Valdensium seu Pauperum de Lugduno a. 1319. die Jovis etc. Diese Ueberschrift beruht zwar auf einem Irrtum des Schreibers. da Hugueta bei ihrer Verurteilung noch mit Johann von Vienne verheiratet war; aber der Verfasser dieser Ueberschrift hätte in diesen Irrtum nicht verfallen können, wenn es nicht Waldesierinnen, welche perfectae waren, zu seiner Zeit noch gegeben hätte.
2) Dass die Waldesier nicht die Kirche Gottes seien, sucht Moneta, Adv. Catharos et Valdenses. Rom 1743 p. 402 zu beweisen per ordinem ecclesiasticum, quem ipsi ad minus triplicem confitentur, scilicet Episcopatum. Presbyteratum et Diaconatum, sine quo triplici ordine ecclesia dei non potest esse nec debet, ut ipsi testantur.
3) Prot. v. Languedoc. Doc. 110: Interrogatus. si ille. qui ordinavit eum diaconum. vocabatur episcopus. respondit. quod vocabatur Major electus a Deo et hominibus.

perfecti jetzt zugleich den Eintritt in das Diakonat bezeichnete, und dass sich bis zum Anfang des 14. Jahrhunderts die frühere einfache Form der Aufnahme unter die perfecti, wie sie der vatikanische Traktat beschreibt, nun so umgestaltet hatte, dass sie zugleich als Ordination für ein Amt an der Gemeinde erscheinen konnte. Die Bedingungen für die Aufnahme und die Art der Aufnahme zeigen, dass man derselben nun eine erhöhte Bedeutung gibt. Während sonst etwa $^3/_4$ Jahre zur Vorbereitung genügten, muss der Aufzunehmende jetzt 6 Jahre und darüber in der Genossenschaft (in societate) gewesen sein, und während früher die Vorsteher der einzelnen Hospize in Mitte der Hospizgenossenschaft die Aufnahme derer vornahmen, welche das Generalkapitel einem Hospize zur Vorbereitung zugewiesen hatte, sind es jetzt die auf dem Generalkapitel versammelten Brüder, welche über die Aufnahme entscheiden, und ist es der Majoralis, der Vorsteher der ganzen Genossenschaft, welcher die Aufnahme vornimmt, indem er und mit ihm die übrigen majores, das ist die anwesenden Vorsteher der einzelnen Hospize. dem Kandidaten die Hände auflegen.[1]) Und während früher die Ablegung des Gelübdes der Aufnahme vorausging, findet jetzt, so scheint es, zuerst die Ordination und damit die Aufnahme in den Stand der perfecti statt, und erfolgt das Gelübde erst nach stattgehabter Ordination.[2])

Die Ordination fand in der Weise statt, dass der Majoralis dem Ordinanden die Hand auflegte und um die Mitteilung des hl. Geistes für ihn bat, während die Umstehenden das Vaterunser[3]) beteten. Es ist die

---

1) Doc. 99: Diaconum eligunt fratres et debet per sex annos et ultra in societate fuisse. Major ordinat eum orando et imponendo manum super caput ejus, et oratio quam dicunt, dum ordinatur diaconus, est Pater noster et Ave Maria. Et ipse ordinandus inflectendo genua ante Majoralem et confitendo peccata sua et Majoralis imponendo manus suas super caput ejus et orando, ut accipiat spiritum sanctum, et haec fiunt per jejunos.

2) Doc. 103: Nullus est perfectus apud eos, nisi ordinatus ad minus in ordine diaconali et qui in illo existens fecerit votum paupertatis, castitatis et obedientiae, sed perfectio eorum status consistit magis in statu diaconatus quam in votis praedictis.

3) Die Protokolle fügen bei (s. o. Anm. 1) et Ave Maria, aber das scheint ein Irrtum, denn die Waldesier verwarfen den Heiligenkultus und die Akten von Carcassonne sagen Doc. 11: nec aliquid reputant Salutem beatae Mariae. Auch ist in den genannten Protokollen S. 116, wo die Ordination zum Diakonat von neuem berichtet wird, das Ave Maria weggelassen; es heisst da nur, dass der Major das Vaterunser bete und die Hände auflege, dass der betreffende den hl. Geist empfange.

Frage, welche Bedeutung die Waldesier dieser Geistesmitteilung bei der Ordination beimassen, ob sie, wie die Katharer, ihr eine sündentilgende, oder eine nur für den Dienst an der Gemeinde befähigende Kraft zuschrieben? Und da lassen nun die Protokolle von Languedoc ersehen, dass sie nur das letztere sich als die Wirkung der Geistesmitteilung dachten. Denn dort heisst es. dass der, welcher die Gelübde gebrochen habe und infolge dessen ausgeschlossen worden sei, wenn er Busse thue, wieder in die Gemeinschaft aufgenommen werden könne und diese Wiederaufnahme nehme der Majoralis vor, indem er dem Reuigen die Hand auflege. aber einer erneuten Ordination bedürfe es nicht.[1]) Die Waldesier fassten also die bei der Ordination mitgeteilte Geistesgabe, ähnlich wie es in der römischen Kirche der Fall war, als eine unverlierbare, die einen unvertilgbaren Charakter aufpräge. Sie wird durch sittliche Verirrung nicht berührt, kann durch die Sünde nicht verloren werden, ist also lediglich eine Gabe und Gnade, die fähig macht für den Dienst an der Gemeinde. Das consolari bei den Waldesiern hat daher eine wesentlich andere Bedeutung als das consolari bei den Katharern.

Auch ein Bericht über deutsche Waldesier aus dem Ende des 14. Jahrhunderts, der die Verwandtschaft mit den französischen Waldesiern deutlich erkennen lässt, spricht von der Handauflegung bei der Aufnahme unter die fratres, und bemerkt. man scheine damit andeuten zu wollen, dass die Autorität, Beichte zu hören, auf den Kandidaten übertragen werde.[2])

---

1) Doc. 100: Post electionem ad ordinem diaconatus et manus impositionem facit votum paupertatis, castitatis et obedientiae praedicto Majorali, et si aliquid de dictis votis frangeret, juxta ordinationem Majoralis expelleretur de congregatione ad poenitentiam peragendam, qua peracta per manus impositionem Majoralis reconciliaretur et reuniretur congregationi, non tamen reordinaretur.

2) Bei Friess. Oesterr. Vierteljahrsschrift f. kath. Theol. XI. Jahrg. S. 258: Ex tunc flectit genua super terram et magistri seniores imponunt sibi manus super caput et per hoc videntur sibi conferre auctoritatem audiendi confessiones subditorum eorum et alia quae circa hoc sunt facienda. Postremo elevans se et resurgens videt magistros stantes secundum ordinem et accedit quemlibet eorum singulariter amplectendo. Et quilibet eorum dicit ad eum: bene fecisti, bone frater, nunc es ordinatus in fide nostra more apostolorum. Auch hier ist der Ort der Aufnahme das Generalkapitel, aber die Zeit der Vorbereitung wird nur auf 1--2 Jahre angegeben, in der er nicht einem Hospize zugeteilt ist, sondern einem der Lehrer, den er auf seinen Reisen von Ort zu Ort begleitet.

Nach Darlegung des Aktes der Aufnahme unter die perfecti haben wir nun die Thätigkeit ins Auge zu fassen, welche den Neuaufgenommenen zugewiesen wurde. Wir gehen auch hiefür wieder von dem vatikanischen Traktate aus.

Haereticorum perfectorum alii dicuntur sandaliati alii novellani, sagt der vatikanische Traktat. Die novellani waren, wie schon der Name das anzeigt, die neueren oder jüngeren unter den perfecti, und sie blieben novellani oft sehr lange Zeit, bis sie sandaliati wurden. Der Traktat sagt: „Diejenigen perfecti, welche unter ihnen lange Zeit einen löblichen Wandel nach der Vorschrift ihrer Sekte geführt und sich als schriftkundig erwiesen haben, werden auf dem Generalkapitel zu sandaliati gemacht und heissen von da an zugleich mit den andern sandaliati: magistri, sacerdotes, rectores." Priesterliche Gewalt also steht den novellani noch nicht zu, diese erhalten sie erst damit, dass sie sandaliati werden.

Der Ausdruck novellani erinnert uns an die Bezeichnung nuper conversi im Sendschreiben der lombardischen Armen. Es handelte sich bei den Streitigkeiten zwischen den lombardischen Armen und den französischen Waldesiern um die Frage, wer in der Sekte mit dem ordo ministrorum d. i. mit dem Priestertum betraut werden dürfe. Die einen forderten, dass man nur solche, welche nuper conversi seien, zu ministri ordiniere, während die andern sagten, die ministri sollten erwählt werden de amicis in rebus permanentibus. d. i. aus dem Kreise der amici oder credentes, welche in den weltlichen Verhältnissen verblieben. Da alle Quellen darin übereinstimmen, dass die Lehrer der französischen Waldesier auf allen weltlichen Besitz, auf Handarbeit und auf die Ehe verzichten mussten, und da es sich ferner aus den Quellen erweisen lässt, dass die lombardischen Lehrer ein Handwerk treiben und in der Ehe leben konnten, so können es nur die Franzosen gewesen sein, welche die ministri aus den nuper conversi gewählt wissen wollten.[1]) Denn diese

---

[1) Meine frühere Ansicht über die Stelle im Sendschreiben der lombardischen Armen: ministros taliter eligere communiter vel de nuper conversis vel de amicis in rebus permanentibus ordinare eternaliter vel ad tempus, nach welcher die nuper conversi römische, zu den Waldesiern übergetretene Priester seien und das in rebus permanentibus zu ordinare zu ziehen sei, wurde mit Recht von Müller und Haupt bekämpft. Müller hat annähernd richtig das nuper conversi als eine Art Noviziat gefasst; Haupt hat gegen mich und Müller das in rebus permanentibus richtig mit

haben zu sandaliati d. i. zu Priestern im vollen Sinne nur solche gemacht, welche als perfecti novellani durch ihren Wandel wie durch ihre Schriftkenntnis sich längere Zeit hindurch als hiezu tüchtig bewährt hatten. In gleicher Weise wie man nach dem Sendschreiben bei den Franzosen von der Stufe des nuper conversus zu der eines minister oder nach dem vatikanischen Traktat von der eines novellanus zu der eines sandaliatus aufstieg, so wurde man nach den Protokollen von Languedoc von einem diaconus ein presbyter. Die nuper conversi, die novellani und die diaconi bezeichnen demnach eine und dieselbe Stufe in der waldesischen Hierarchie, den Stand der perfecti, welche noch nicht zu Priestern ordiniert worden sind.

Nach den Protokollen von Languedoc hatten die diaconi, also die novellani, nur für den Unterhalt des Majoralis und der Presbyter zu sorgen, sie konnten noch nicht Beichte abnehmen und durften auch nicht im Gefässe den Leib des Herrn tragen. Wohl aber waren sie befugt, das Evangelium bei den Gottesdiensten vorzulesen, wiewohl sie von dieser Befugnis keinen Gebrauch machten.[1]) Es versteht sich von selbst, dass der Diakonus, indem er für den Unterhalt der Presbyter zu sorgen hatte, dies nicht durch eigene Handarbeit that,[2]) sondern dass sein Dienst vornehmlich in dem Sammeln der Gaben bestand, welche die credentes für die perfecti bereit hielten.[3]) Es ist indes wahrscheinlich, dass der Schreiber der Protokolle unvollständig über die Befugnisse der Diakonen berichtet hat. Denn der deutsche Bericht von 1392 schreibt den unter die fratres eben Aufgenommenen auch die Befugnis Beichte zu hören zu, wenn gleich sie nur im Notfalle von dieser Befugnis Gebrauch machen durften.[4]) Die angeführten Einzelheiten lassen den Berichterstatter bei Friess als näher unterrichtet erscheinen.

amicis verbunden und darunter die credentes verstanden, die in ihren weltlichen Verhältnissen blieben und Besitz und Erwerb nicht aufgaben.
1) Doc. 103.
2) Doc. 104: Qui facit votum paupertatis, nihil omnino debet habere, nec in proprio nec in communi, nec debet vivere de laboribus mannuum suarum. Ipsi non crederent, se esse in statu perfectionis, si de laboribus mannuum suarum viverent.
3) Doc. 108: Et nihil retinet pro crastino, nec si daretur ei, reciperet, nisi tantum quantum sufficere posset sibi et sociis pro victu et vestitu dicta die, qua ei aliquid daretur.
4) Bei Friess l. c. 258 f.: magistri seniores imponunt sibi manus super caput et per hoc videntur sibi conferre auctoritatem audiendi confessiones subditorum eorum et alia, quae circa hoc sunt facienda. — — Prohibetur tamen interdum per VII. VIII vel X annos ex causis ab auditione

Wenn die Diakonen für den Unterhalt der Presbyter und des Majoralis Sorge zu tragen hatten, so werden sie dieselben auch auf ihren Reisen zu begleiten gehabt haben. Nach dem vatikanischen Traktat wurden je zwei fratres alljährlich in die verschiedenen Gebiete zur Visitation entsendet.[1]) Die Annahme, dass der eine derselben ein novellanus werde gewesen sein, wird nahe gelegt durch die späteren Berichte. Denn nach den Protokollen von Languedoc begleitet der Diakon Raymund von Costa den Majoralis Johann von Lothringen zwei Jahre lang auf seinen Reisen von Ort zu Ort, und nach dem Berichte von 1392 folgen die unter die perfecti Aufgenommenen Jahre lang den seniores von Land zu Land.[2]) Ausser den erwähnten Beschäftigungen der Diakonen wird ein fortgesetztes Studium der hl. Schrift als eine Hauptaufgabe derselben bezeichnet. Nach dem vatikanischen Traktat werden nur diejenigen novellani zu sandaliati gemacht, welche lange Zeit hindurch einen löblichen Wandel geführt und sich als erfahren in der Schrift erwiesen haben; und auf die novellani bezieht es sich zugleich mit, wenn es von den perfecti heisst: sie treiben keine Arbeit (Handarbeit), sie erwerben und gewinnen ihren Unterhalt nicht selbst, sondern leben von den Gütern und Almosen der credentes, indem sie mit grossem Eifer den Studien obliegen.[3]) Nach den Protokollen von Languedoc ferner treibt der als Diakon ordinierte Raymund von Costa noch zwei Jahre unter der Leitung des Majoralis Johann von Lothringen das Schriftstudium, dann wird er von diesem zu anderen sociis geschickt, seine Studien fortzusetzen, und er ist da wieder 7 Jahre; in Aurisica studierte er ein Jahr lang Grammatik.[4])

---

confessionum sequendo seniorem de terra in terram, tantum medio tempore audit confessiones suorum magistrorum.

1) Cod. vat. nr. 35: Item in dicto capitulo deputantur et constituuntur visitatores amicorum suorum et credentium, qui visitare debeant illo anno et mittuntur duo in qualibet regione seu provincia, in qua aliqui de eorum credentia conversantur.

2) S. vor. Seite Anm. 4.

3) Cod. vat. nr. 33 u. 8.

4) Doc. 108 f. Nach den erwähnten 7 Jahren war er zunächst zu dem Majoralis Johannes zurückgekehrt, qui Joannes misit eum ad poenitentiam peragendam, et post mortem Joannis etc. Da nirgends eine Andeutung von einer Verschuldung Raymunds gegeben ist, so wird misit eum ad poenitentiam peragendam wohl kaum eine richtige Wiedergabe der Aeusserung des Raymund sein. Vielleicht wurde er von Johannes beauftragt, das Sakrament der Busse zu verwalten, wozu die Diakonen in besonderer Mission zuweilen verwendet wurden.

Insabatati, Sandaliati.

In den ältesten Quellen werden die Waldesier insabatati genannt.[1]) Sabatum, französisch sabot, hiess der oben offene hölzerne Schuh. Das Eigentümliche bei den Schuhen der waldesischen Brüder bestand nun nicht eigentlich in diesen Schuhen selbst, sondern in dem sotularis, d. i. der Decke oder Kappe, welche zu dem sabatum gehörte, und welche wie eine Gamasche den durch das sabatum blossgelassenen oberen Teil des Fusses bedeckte. Ebrard von Bethune bemerkt, die Waldesier kreuzten ihre sotulares, statt ihre Glieder zu kreuzigen, und umkränzten ihre Fussbekleidung, statt ihres Hauptes.[2]) Ferner berichtet unser vatikanischer Traktat, die sotulares über den Füssen seien durchbohrt.[3]) Beides wird wohl dasselbe bedeuten. Der sotularis, welcher den oberen Teil der Füsse bedeckte, war so durchbohrt, dass darauf die Form eines Kreuzes erschien. Ueber diesem Kreuze war den Akten von Carcassonne zufolge noch die Form eines Schildes angebracht,[4]) wohl eine Schnalle in der Form eines Schildes, und in dieser Form, um vielleicht anzudeuten, dass Christi Kreuz ihr Schild sei. Völlig gleichbedeutend mit insabatati ist das sandaliati im vatikanischen Traktat, wie man das aus Durandes und Petrus von Vaux Cernay[5])

---

1) Edikt des Alfons von Aragonien 1192. Max. Bibl. XXV f. 190: — Waldenses sive Insabbatatos, qui alio nomine se vocant Pauperes de Lugduno.
Ebrard de Bethune Max. Bibl. XXIV, 1572 ff.: Quidam autem, qui Vallenses se appellant, eo quod in valle lacrymarum maneant, apostolos habentes in derisum, et etiam Xabatatenses a Xabatata potius quam Christiani a Christo se volunt appellari.
Consult. Tarrag. 1242 l. c. 1798: Quod perfecti haeretici vel Insabbatati, dogmatizantes eorum errores, vel credentes etc.
2) l. c.: sotulares cruciant, cum membra potius debeant cruciare, calceamenta coronant, caput autem non coronant (haben nicht die Tonsur).
3) Tr. vat. nr. 39: sed audivit, quod discalceantur per alios et ei creduntur caligae et sotulares super pedes perforati.
4) Die Stelle, welche uns bei Guidonis vollständig erhalten ist, sagt, die perfecti hätten olim a principio speciale signum in modum quasi scuti in parte superiori sotularium (Text: cotularium) getragen.
5) cf. Durandi Rationale lib. 3 c. 8 nr. 5: Sandalia, quae pedibus imponuntur — habent autem desubtus integram soleam, desuper vero corium fenestratum (die sotulares super pedes perforati im vat. Traktat). Und Petrus v. Vaux Cernay, bei Gieseler, II, 2 S. 562: In quatuor praecipue consistebat error eorum: in portandis scilicet sandaliis, more Apostolorum; — — in hoc insuper, quod assereba nt, quemlibet eorum in necessitate, dummodo haberet sandalia, absque ordinibus ab episcopo acceptis, posse conficere corpus Christi.

ersieht, wo die den Waldesiern eigentümliche Fussbekleidung mit dem Worte Sandale bezeichnet ist. Noch im Anfange des 14. Jahrhunderts haben die waldesischen Lehrer diese Abzeichen getragen, wenn sie auch dieselben vielleicht nicht mehr öffentlich trugen.[1] „Wenn", so sagt der vatikanische Traktat, „einige perfecti unter ihnen lange Zeit hindurch einen löblichen Wandel nach den Vorschriften ihrer Sekte geführt haben und erfahren in den Schriften sind, so werden sie auf den Generalkapiteln zu sandaliati gemacht und heissen von da an gleich den übrigen sandaliati: magistri, rectores et sacerdotes, und sie können von jetzt an, wie sie versichern, den Leib Christi bereiten gleich den katholischen Priestern.[2])

Die Aufnahme unter die sandaliati fand in feierlicher Weise statt gleich wie die Aufnahme in den Stand der perfecti Der Zeuge, dessen Aussagen dem vatikanischen Traktat zugrunde liegen, weiss von der Ordination der sandaliati nur Nebensächliches zu berichten; er hat nur gehört, dass dem Ordinanden die bisher getragenen Schuhe von den andern sandaliati ausgezogen und ihm die oben beschriebenen Sandalen anvertraut werden.[3]) Nun hörten wir, dass die zu sandaliati Ordinierten durch diese Ordination Priester wurden, dass sie von da an magistri, rectores, sacerdotes hiessen und den Leib Christi bereiten konnten. In einem etwas späteren Bericht (Doc. 233) heisst es, die sandaliati könnten, ubi casus necessitatis incumbit, corpus Christi conficere. Im Anfang des 14. Jahrhunderts erhalten die vom Diakon zum Prebyter Ordinierten, den Protokollen von Languedoc zufolge, durch diese Ordination die Macht zu predigen, aber von der Verwaltung des Altarsakraments ist nicht mehr die Rede, und auf die Frage, warum die Presbyter nicht den Leib Christi bereiten, antwortet Raymund von Costa nur, er wisse es nicht, und nachher meint er, das komme daher, dass der Major den Presbytern nur die

---

1) Protok. v. Languedoc, Doc. 233: Inveni quod A haereticorum Valdensium credens fueris
— quin imo nuper in domo tua te praesente in loco multum suspecto plures latentes ibidem haeretici cum libris et sandaliis et varia suppelectili sunt inventi.
2) Tr. vat. nr. 33 vergl. nr. 3: Sandaliati sunt illi qui sacerdotes, magistri et rectores dicuntur totius haereticae pravitatis, et possunt, ut asserunt, conficere corpus Christi sicut catholici sacerdotes.
3) l. c. nr. 39: Qualiter autem in sandaliatos ordinent, ignorat similiter. Sed audivit, quod discalceantur per alios sandaliatos et ei creduntur caligae et sotulares super pedes perforati.

Vollmacht gebe. Beichte zu hören.¹) Damit scheint er sagen zu wollen, sie würden den Leib Christi bereiten können. wenn sie vom Majoralis damit beauftragt würden, wie er auch nachher erklärt, dass die perfecti nur predigen könnten. wenn sie die Mission dazu vom Majoralis erhielten.²) Dass in der That die Macht, das Altarsakrament zu verwalten. mit der Ordination zum Presbyter virtualiter als gegeben gedacht wurde, ersieht man daraus. dass zu Ende des 14. Jahrhunderts jene alte Anschauung. dass die sandaliati den Leib Christi bereiten könnten, noch fortlebt, da eine Minderzahl der magistri. also der Presbyter, das Abendmahl noch fortwährend feierte.³) So dürfen wir also annehmen, dass die Ordination zum Presbyter im Anfang des 14. Jahrhunderts dasselbe war. was in der Zeit des vatikanischen Traktats die Ordination zum sandaliatus, nur dass jetzt auch diese Ordination in etwas ausgebildeterer Form vollzogen wurde. ähnlich wie die Ordination zum Diakonus.

Der Presbyter wird auf dem Generalkapitel erwählt und unter Gebet und Auflegung der Hände ordiniert, wie der Diakonus. Aber während dem Diakonus nur der Majoralis und die andern etwa anwesenden Majores die Hände auflegen, geschieht dies bei dem Presbyter durch den Majoralis und die sämtlichen anwesenden Presbyter. Seine Hauptaufgabe ist die Predigt und die Verwaltung des Beichtsakramentes. Nur in gewissen Fällen, die dem Majoralis vorbehalten bleiben. kann er nicht absolvieren. Der Presbyter legt Bussen auf, aber die Macht. auferlegte Strafen zu mildern. hat er nicht, die hat nur der Majoralis, wiewohl

---

1) Doc. 100: Presbyteri non conficiunt apud eos corpus Christi, nescit tamen, cur hoc non faciunt. cf. 102: Presbyter non potest conficere corpus Christi, ut credit, et nunquam hoc faciet, sive possit sive non possit. Und 103: Presbyter apud eos non potest conficere corpus Christi, ut credit, hoc est. quia Major non dat presbyteris potestatem, nisi quod audiant confessiones.

2) Doc. 104: Majoralis, qui habet potestatem a Deo, qui dedit eam beato Petro. potest evangelium praedicare sine hoc quod mittatur ab aliquo alio homine ad evangelium praedicandum, et potest dare auctoritatem et potestatem illis, qui sunt de statu suo, praedicandi evangelium.

3) Bei Friess l. c. 260: Item quidam eorum consueverunt se ipsos communicare ad pascha etc. Plurimi tamen magistrorum suorum abhorrent hoc, non habentes multam fidem in hujusmodi communionem, propterea vadunt ad communicandum in ecclesiam, quando est populi maior pressura. ne notentur.

er sie nur selten ausübt.¹) Wenn kein Majoralis vorhanden ist, kann ein Presbyter mit Bewilligung und Zustimmung aller andern Genossen, sowohl der Presbyter wie der Diakonen,²) auch den neuerwählten Majoralis ordinieren.

Der Majoralis.

Aus den sandaliati oder Presbytern wurde der Majoralis, das Haupt der Sekte, genommen, dessen Stellung der eines Bischofs glich, für welche man indes diesen Namen nicht gebraucht zu haben scheint.³) Die Akten von Carcassonne vergleichen seine Stellung der des Papstes,⁴) doch hat dies nur insoferne für uns Bedeutung, als daraus erhellt, dass die Sekte nur Einen eigentlich regierenden Vorsteher hatte. Von dem andern Majoralis wird nachher die Rede sein. Der Majoralis hiess auch Minister oder Major omnium.⁵) Waldez selbst scheint dieses Amt nicht für ein göttlich notwendiges angesehen zu haben, wie seine im Sendschreiben der lombardischen Armen mitgeteilte Aeusserung vermuten lässt: er wolle nicht, dass die Genossenschaft einen praepositus habe weder bei seinem Leben noch nach seinem Tode.⁶) Aber bald schon mögen die Gefahren und Bedrängnisse der Genossenschaft die Notwendigkeit einer mehr monarchischen Leitung nahegelegt haben, und im Anfang des 14. Jahrhunderts hatte sich die Anschauung von einer mit dem Majoralis sich abschliessenden

---

1) Doc. 102: sed tales casus possunt esse in confitente, quod cum remittat ad Majoralem; presbyter etiam non dat indulgentiam, nec remittit poenam debitam peccatis eorum, qui eis confitentur, quod tamen Major aliquando facit.
2) ib.: et hoc de auctoritate, licentia et consensu omnium sociorum suorum, tam presbyterorum quam diaconorum praesentium.
3) Protok. v. Languedoc, Doc. 110: Interrogatus, si ille, qui ordinavit eum diaconum, vocabatur episcopus, respondit quod vocabatur Major electus a Deo et hominibus.
4) Doc. p. 9: Valdenses habent et constituunt sibi unum superiorem super se, quem vocant Majoralem suum, cui omnes tenentur obedire sicut omnes catholici sunt sub obedientia Papae.
5) Doc. 108: Joannes Lotharingius, qui erat tunc minister eorum. ib. 114: Item dixit, quod solum sunt tres ordines in ecclesia, sc. diaconatus, presbyteratus et episcopatus, et episcopus apud eos vocatur Majoralis vel minister. Akten v. Carcass. Doc. 10: — et in his capitulis major omnium ordinat et disponit de presbyteriis et diaconatibus et de mittendis ad diversas partes et regiones ad credentes et amicos suos pro confessionibus audiendis etc.
6) S. m. Beiträge etc. S. 235 nr. 4: quod audivimus. Valdesium dixisse videlicet se nolle aliquem in societate ultramontanorum aut ytalicorum fratrum fore prepositum in vita sua nec post mortem.

göttlich geordneten Hierarchie ausgebildet.[1]) bei der der Inhaber der höchsten Stufe zugleich auch die Regierung aller haben müsse. Nach dem Tode eines Majoralis versammeln sich die Diakonen und Aeltesten, um unter dem Vorsitze eines andern Majoralis oder falls ein solcher nicht vorhanden, des ältesten Presbyters die Brüder zur Wahl eines neuen Vorstandes aufzufordern. Der Vorsitzende bringt zugleich eine geeignete Persönlichkeit in Vorschlag und heisst den Ausersehenen in die Mitte treten. Er weist auf den durch lange Jahre erprobten Wandel desselben, auf seine Schriftkunde sowie auf seine Weisheit und sein Geschick zu regieren hin. Soweit ein Mensch aus dem Aeusseren aufs Innere schliessen könne, scheine er ein Mann zu sein, den der hl. Geist regiere. Er fragt, ob sie ihn, im Falle als es Gott gefällig sei, zum Majoralis haben wollten. Einer um den andern gibt nun seine Stimme ab. Die Wahl erfolgt einstimmig, ist also durch Uebereinkommen zuvor schon entschieden. „Du bist einstimmig erwählt", so sagt jetzt der die Wahlhandlung Leitende, „wir wollen nun, so es Gott gefällt, dass Du nach Gott unser Major seiest." Jener lehnt ab unter Hinweis auf sein Unvermögen und nimmt erst an, nachdem er auf das Gelübde des Gehorsams, das er einst abgelegt. verwiesen ist. Dann knieen alle nieder und beten mehrere Male das Vater Unser, wobei jeder die Hände zusammenlegt und die Daumen unter das Kinn hält. Hierauf erheben sich alle, der Erwählte legt zuerst vor einem andern Major eine Privatbeichte und sodann vor allen ein allgemeines Sündenbekenntnis ab, und bittet Gott ihn würdig zu machen, dass er den heiligen Geist empfange. Nun erfolgt die Ordination. Der Erwählte kniet nieder, der die Wahl Leitende legt ihm nach dem Willen der Brüder die Hände auf und betet über ihn, dass er den heiligen Geist empfange. Hierauf legen ihm auch alle anderen Presbyter und Diakonen die Hände auf. Der Gedanke scheint hiebei zu sein, dass durch den Tod die Gewalt des Majoralis an die Gesamtheit zurückfalle und aus dieser

---

1) Prot. v. Languedoc. Doc. 111: — Oportet quod aliquis Major ordinetur inter nos, qui habeat auctoritatem et scientiam regendi gregem Dei, et oportet quod eligamus eum, ut fecerunt Apostoli de Matthia, quia inter nos non esset perfectus ordo, qui consistit in tribus ordinibus, scilicet episcopatus, presbyteratus et diaconatus, sine eo qui debet habere ordinem majoralem, qui ordo est gradus pontificalis (S. 98 perfectionalis), nec etiam habemus Majoralem, qui nos regat post Deum. Hier scheint die höchste priesterliche Gewalt ordo pontificalis von der höchsten Regierungsgewalt: nec etiam habemus — — qui nos regat etc. unterschieden zu werden.

heraus dem Neugewählten übertragen werde. Der Majoralis gilt nun als „von Gott und Menschen erwählt".[1]) Absichtlich lässt man bei der ganzen Handlung alle Gebräuche, wie sie in der römischen Kirche üblich waren, weg. Der Erwählte trägt bei der Ordination nur das Alltagskleid, keine Insignien seiner neuen Würde. „Sein priesterlich Kleid", sagt Raymund von Costa, „sind gute Werke, seine Mitra ist die ihm von Gott und Menschen übertragene Gewalt, sein Hirtenstab sind die Drohungen der Schrift gegen die Sünder". Man vereinfachte in dieser Weise die Ordination, weil man glaubte, dadurch wieder in Uebereinstimmung mit dem Brauche der ursprünglichen Kirche zu kommen.[2])

Im Anfang des 14. Jahrhunderts verwaltet der Majoralis von den Sakramenten nur die der Busse, der Ordination und der Eucharistie. Er nimmt am Gründonnerstag die Fusswaschung vor, segnet Brod, Fisch und Wein, und feiert das Abendmahl. Alle andern sandaliati haben durch ihre Ordination dieselbe Macht die Sünden zu vergeben, zu ordinieren und das Abendmahl zu konsekrieren, aber sie üben sie nur, wenn der Majoralis sie damit beauftragt, oder im Falle der Not. Nur der Majoralis bedarf keiner besonderen Sendung.[3])

Wie in der römischen Kirche nur der Bischof den Bischof ordinieren kann, so sollte auch bei den Waldesiern der Majoralis nur von einem Majoralis ordiniert werden, und nur wenn kein anderer Majoralis vor-

---

1) Prot. v. Languedoc. Doc. 110: Interrogatus, quomodo erat electus a Deo et hominibus Major praedictus, respondit, quod socii elegerunt eum, credentes ipsum esse bonum et catholicum ac bonum clericum, et post electionem orantes super eum et imponentes manus super caput ejus, ut acciperet Spiritum S., constituerunt eum Majorem suum, quemadmodum Apostoli fecerunt de Matthia et Apostoli ordinaverunt episcopos successores suos. cf. ib. p. 113: Item dixit, quod eorum Major accipit immediate potestatem a Deo et jurisdictionem et non a Papa.

2) Prot. v. Languedoc, Doc. 115: Et sic ordinatus est, ut dixit, in ordine episcopali; non tamen induitur aliter, nec fit hoc in ecclesia, nec super caput ejus et cervicem imponitur liber evangeliorum, nec inungitur ejus caput et manus, nec ei traduntur aliqua insignia pontificalia; et, ut dixit, credit, quod taliter ordinatus sit verus episcopus, sicut si ordinaretur in Romana ecclesia. Dixit etiam, quod sic ordinati fuerunt in episcopos Paulus et Barnabas et alii in primitiva Ecclesia.

3) Vgl. Tract. vat. nr. 3 in Bezug auf die Eucharistie; und in Bezug auf die Ordination das in der vorletzten Anm. Doc. 110 Gesagte, in Bezug auf die Predigt Doc. 106: Nullus apud eos habet officium praedicandi in quocumque loco voluerint suis sociis et credentibus eorum, si essent etc. Vgl. auch die schon angeführte Stelle Doc. 104: Majoralis qui habet potestatem a Deo etc.

handen war, traten die Presbyter und Diakonen als Ordinierende ein.¹) Das scheint vorauszusetzen, dass die Waldesier doch mehrere solcher Majorales hatten, und dafür scheint auch zu sprechen, dass in den Protokollen von Languedoc von vielen den Titel Major führenden die Rede ist,²) und dass damit Majorales gemeint sein könnten, dürfte damit begründet scheinen, dass auch der Majoralis abwechselnd als Major bezeichnet wird. Allein anderseits ist doch auch wieder von dem Majoralis in einer Weise die Rede, dass man nicht wohl einen zweiten mit gleichen Befugnissen neben ihm annehmen kann. So namentlich in der Practica inquisitionis des Bernard Guidonis und in dem gleichzeitigen Liber sententiarum von Toulouse.³) Müller hält nun dafür, dass, wo von mehreren gleichzeitigen Majores die Rede ist, solche Majorales gemeint seien, welche früher regiert, dann aber nach Ablauf ihrer Regierungsperiode diese Regierung zwar niedergelegt, aber ihre priesterliche und kultische Stellung noch beibehalten hätten.⁴) Dies würde voraussetzen, dass der jeweilige regierende Majoralis stets nur eine kürzere Zeit im Amte gewesen wäre. Aber das stimmt nicht zu den Thatsachen in eben jenen Berichten, für welche Müller seine Vermutung ausspricht. Johann von Lothringen ist nach dem Liber sententiarum viele Jahre hindurch Majoralis bis zu seinem Tode. Noch bei seinem Leben aber wird ein Christinus zum Majoralis ordiniert, der aber erst nach Johanns Tode Minister major wird.⁵) Dies ist die Stelle, von der aus die ganze Frage sich lösen lässt, wenn wir dabei zugleich den vatikanischen Traktat zuhilfe nehmen. Wird Christinus erst bei Johanns Tode Minister major, so war er bis dahin Minister minor, eine Art Vicepräsident, der eben nur dann eintritt, wenn der

---

1) Prot. v. Languedoc Doc. 100: Solum quando aliquis Majoralis vivat, non potest ordinari alter Majoralis in gradu perfectionali, nisi per dictum Majoralem viventem, sed si tantum esset, quod nullus Majoralis viveret, tunc presbyteri et diaconi possunt ordinare Majoralem.
2) Doc. 99: Solus Major vel multi Majores, si praesentes sunt, imponunt manus super caput ordinandi in diaconum etc.
3) Vgl. auch die schon angeführte Stelle in den Akt. v. Carcass. Doc. 9. welche sagt, die Waldesier setzten über sich einen Oberen, den sie Majoralis hiessen und dem sie gehorchten wie die Katholiken dem Papste.
4) a. a. O. S. 67 f.
5) Doc. 108: Et post mortem Joannis ipse vidit Christinum, qui fuit Minister major post Joannem, licet vivente Joanne dictus Christinus esset ordinatus in ordine Majoralis, qui Christinus erat idiota et sine literis, post quem Christinum successit ille in officio Ministri, qui nunc est

Majoralis oder der Minister major seines Amtes nicht walten kann. Also je zwei Majorales gab es, nicht mehr. Damit stimmt auch das Sendschreiben der Lombarden von 1218, welches von einem Petrus de Relana und Berengarius von Aquaviva spricht, welche beide bei den französischen Waldesiern nach deren Sitte die jährliche Regierung geführt hätten. Die Franzosen folgen also, wenn sie im Anfang des 14. Jahrhunderts zwei gleichzeitige Majorales haben, nur dem älteren Brauche. Dagegen ist die früher kürzere Regierungszeit nun eine lebenslängliche geworden. Derselbe Raymund von Costa, dem wir so viele Aufschlüsse über die Verfassung der französischen Waldesier verdanken, - will dem Inquisitor anfangs nicht sagen, wie viele Majorales die Sekte habe; endlich sagt er: nicht viele. Er wollte, so fügt der Inquisitor bei, nicht- sagen, ob es einer oder zwei wären.[1]) So denkt sich also auch der Inquisitor die Zahl der Majorales nicht über zwei hinaus. Was Müller irreführt, ist der doppelte Gebrauch des Wortes Major. Einmal steht es für Majoralis, das andere Mal für die Vorsteher der einzelnen Hospize, über welche wichtige Institution wir durch unseren vatikanischen Traktat eigentlich zum erstenmal eine bestimmte Kunde erhalten.

Die Hospize.

In meinen Beiträgen zur Geschichte der Waldesier im Mittelalter habe ich (S. 241) 42 österreichische Orte angeführt, wo um das J. 1250 Waldesier in einer grösseren Zahl von den Inquisitoren aufgefunden worden waren. Bei zwölfen dieser Orte heisst es: et ibi scholae, bei Kematen im Traunkreis: et ibi scholae plures (X). Ich sprach in jenen Beiträgen die Vermutung aus, dass mit dem Worte scholae wol die Orte bezeichnet seien, wo die Versammlungen stattfanden, wenn die Lehrer aus Italien kamen oder die einheimischen Lehrer ihre Rundreisen machten, und führte Düfresne's Glossar an, nach welchem schola im mittelalterlichen Latein auch ein Versammlungsort überhaupt hiess. Wir finden

---

[1] Protok. v. Languedoc. Doc. 110: Interrogatus si sunt multi tales Majores apud eos, vel est unus solus, vel duo vel tres: respondit, quod non sunt multi, nec voluit dicere si erat unus solus vel duo.

hiefür eine Bestätigung in dem Schreiben Innocenz III. an den Erzbischof von Mailand vom J. 1209, in welchem er von der schola der Waldesier bei Mailand spricht, in welcher sie sich zur Lehre und Erbauung zu versammeln pflegten.[1]) In den italienischen Inquisitionsprotokollen vom J. 1387[2]) wird die Versammlung der Waldesier selbst synagoge genannt. Das im neuen Testament von dem Orte der sabbatlichen Versammlungen der Juden gebrauchte συναγωγή, übersetzt Luther mit Schule. So dürfte es gesichert sein, dass unter dem et ibi scholae bei den zwölf Waldesierorten in Oesterreich Häuser zu verstehen sind, in welchen die Waldesier ihre Zusammenkünfte hielten. Ob hier auch täglicher Unterricht erteilt wurde, bleibt zweifelhaft. Denn David von Augsburg, welcher sagt, die Lehrer der Waldesier hätten ihren Aufenthalt an solchen Orten, ubi habent studia sua vel celebrant conventicula sua,[3]) dürfte kaum hieher zu ziehen sein; aber eine solche Stätte für das Schriftstudium hat wohl Stephan von Borbone im Auge, wenn er von einem Waldesier erzählt, der 18 Jahre lang bei Mailand seine Studien in der Sekte gemacht habe.[4])

Nun bezieht sich wohl das, was wir über die scholae hören, zum grösseren Teile auf die lombardischen Armen oder auf die von ihnen missionierten österreichischen, aber was von solchen Mittelpunkten für Lehre und Predigt bei diesen berichtet wird, hat sein Gleichartiges auch bei den französischen Waldesiern in den sogenannten Hospizen, über deren Einrichtung wir durch den vatikanischen Traktat Näheres erfahren, während wir über die Ordnungen einer schola bis jetzt keine weitere Kenntnis haben.

---

1) Innoc. III Lib. XII ep. 17 ad Archiep. Mediol. 1209 bei Gieseler Kirchengesch. II, 2, 559 Anm.: — Pratum, quod commune Mediolanense ipsis olim concesserat, in quo sua schola constructa consueverant convenire ac exhortari fratres ad invicem et amicos, quam bonae memoriae praedecessor tunc destrui fecerat, dum essent excommunicationis vinculo innodati.
2) Processus contra Valdenses, ed. Amati, Archivio storico italiano Ser. III. Tom. I. p. II S. 16 ff. u. T. II, p. I S. 3 ff. Firenze 1865. Im Auszuge bei Döll. Dok. 251 ff. Vgl. T. II, p. I S. 36: Interrogatus si in loco.... est aliqua congregatio Valdensium et si ibi fit aliqua sinagoga, respondit quod sic, et fit in domo etc.
3) Der Trakt. des Dav. v. A. S. 210.
4) a. a. O. S. 280: — qui, ut ipse recognovit nobis, per totum dictum spatium apud Mediolanum studuerat in secta haereticorum Valdensium, firmans novum testamentum corde et multa veteris etc.

Folgendes ist es, was uns der vatikanische Traktat über die Hospize der französischen Waldesier berichtet.

„Diese Häretiker", so sagt der Traktat. „wohnen zerstreut in Provinzen oder Bezirken in Deutschland wie anderwärts häuser- und familienweise (per domos et familias), zwei oder drei in einem Hospiz mit zwei oder drei Weibern, von denen sie vorgeben, dass sie ihre Ehefrauen oder Schwestern seien; einige alte Weiber wohnen in Hospizen ohne Männer; aber sie werden sehr fleissig von den Häretikern besucht und man sorgt für ihren Unterhalt".[1]) Der Berichterstatter meint mit den Bewohnern eines Hospizes nur solche, welche zum· Stande der perfecti gehören, wie schon das Wort Häretiker erwarten lässt, welches, wo es allein steht. in der Regel die Lehrer der Sekte bezeichnet. Aber auch aus dem, was der Traktat sonst noch über die Hospize berichtet, ist dies zu ersehen, wie z. B. aus dem Schlusse der oben mitgeteilten Stelle. wo von den wiederholten Besuchen (Visitationen) der Frauenhospize durch die Häretiker die Rede ist. Beachtung verdient die Zahl. Wenn zwei bis drei Männer und ebensoviele Frauen genannt werden, welche in den Hospizen zusammenwohnten, so ist klar. dass hier nicht ein zufälliges Vorkommen, sondern dass ein feststehender Brauch der Sekte gemeint ist. Eine grössere Zahl beisammen wohnen zu lassen, verbot schon die Gefahr der Entdeckung. welche dann drohte. Doch empfahl sich die Beschränkung auf die Grösse einer Familie auch vom Gesichtspunkte des Missionszweckes aus. Je geringer die Zahl der perfecti war, die ein Hospiz in Anspruch nahm, in desto mehr Gebieten konnten Hospize errichtet werden. Auch für die Erhaltung der Zucht war offenbar eine geringere Zahl besser als eine grössere. Das Zusammenleben unverheirateter Männer und Frauen in den Hospizen könnte Bedenken erregen; allein es scheint in dieser Hinsicht in früheren Jahrhunderten eine grössere Unbeschränktheit geherrscht zu haben als später. Auch bot sich hiefür in der herrschenden Kirche selbst manches Gleichartige, so dass wohl

---

1 Tr. vat. nr. 17: Tertio sciendum est, quod praedicti haeretici in diversis locis, provinciis et regionibus hujusmodi tam in Alemannia quam in aliis partibus commorantur per domos et familias, duo vel tres in uno hospitio cum duabus vel tribus mulieribus, quas suas uxores esse fingunt vel sorores. Aliquot antiquae mulieres sine hominibus in hospitiis commorantur, sed per alios haereticos saepe et saepius visitantur et eis alimenta praeparantur.

nur wenige etwas Arges darin sehen mochten. Auffallend ist die Bemerkung, dass die Häretiker vorgäben, jene Weiber seien ihre Ehefrauen oder Schwestern. Der Ausdruck Schwestern, womit die Waldesier selbst die in den Stand der perfecti aufgenommenen Frauen bezeichneten, lässt in die Richtigkeit der Mitteilung in dieser Hinsicht keinen Zweifel setzen. Wie aber mag es sich mit dem Vorgeben verhalten, dass die Genossinnen eines Hospizes Ehefrauen gewesen seien? Da kein Zweifel bestehen kann, dass die französischen perfecti ehelos lebten, so läge hier in dem Vorgeben von Ehefrauen entweder eine Lüge von seiten der Waldesier vor oder eine Verwechslung des Berichterstatters, der irrtümlich auch auf die französischen Waldesier übertrug, was bei den lombardischen Armen vorkam, dass nämlich einzelne ihrer Lehrer in der Ehe lebten. Ich halte das Letztere für das Wahrscheinlichere.

Ein Waldesierhospiz bestand aus 4—6 Männern und Frauen, welche unter der Leitung eines Major oder Rektor [1]) familienhaft [2]) beisammen wohnten. Die Inwohner des Hospizes (socii) bildeten eine societas.[3]) Hier wurden die, welche in den Stand der perfecti treten wollten, in der Schrift und Lehre durch einen eigenen hiefür bestimmten Lehrer unterwiesen,[4]) hier setzten die Neuaufgenommenen als novellani ihre Schriftstudien fort, hier war auch der Ort der Zusammenkunft für die umwohnenden credentes, welche sich einfanden, um der Predigt des Majors beizuwohnen oder ihre Beichte abzulegen oder um die jährlich die verschiedenen Provinzen bereisenden Visitatoren zu hören und diesen zugleich ihre Gaben für die Lehrer der Sekte zu überbringen.

Man lebte im Hospize nach einer gemeinsamen Regel. Der Tag begann mit einem Gebete für die Regierenden auf Erden, dass Gott sie regieren lasse Ihm zum Preise und ihnen zum Heile, für ihre Feinde und Verfolger, dass Gott sie zur Busse leite, und endlich für alle

---

1) Tr. vat. nr. 20, 22, 23: ille qui regit hospitium. 24, 25, 27: rector hospitii. 26: rector seu major hospitii. 30: hospitiorum gubernatores. 40: Major seu sapientior de societate seu hospitii.
2) ib. nr. 25: familiares hospitii. 32: familia.
3) l. c. socii (hospitii). 34: mansio seu societas assignatur eisdem.
4) ib. nr. 20: recipiunt a suis doctoribus lectionem. cf. Protok. v. Languedoc, Doc. 108: Johannes misit eum ad alios socios ut maneret cum eis et instrueretur in scriptura divina — et per dictum tempus docuit eum Michael Italicus.

Menschen. Den Schluss bildete ein sieben oder zehnmal gesprochenes Vaterunser, worauf der Vorsteher oder Major des Hospizes sich erhob mit den Worten: Gott sei mit uns, wenn es ihm gefällt. Dann empfingen Männer wie Frauen, welche die Schrift studieren wollten, von den Lehrern ihre Aufgabe, welche, wie es scheint, vorherrschend im Erlernen von Abschnitten der hl. Schrift bestand. Der übrige Teil des Tages stand den Mitgliedern des Hospizes zur freien Verfügung. Die Frauen bereiteten das gemeinsame Mahl.[1]) Das Tischgebet wurde von dem Major mit den Responsorien der Umstehenden gesprochen. Die wesentlichen Bestandteile desselben waren: das Kyrie, das Vaterunser, der apostolische Segenswunsch (die Gnade unseres Herrn Jesu Christi etc.) und dann die Bitte: Der Herr Jesus Christus, welcher in der Wüste die fünf Gerstenbrode und die zwei Fische gesegnet hat, segne auch diese Speise und alle, die von ihr geniessen, im Namen des Vaters und des Sohnes und des hl. Geistes. Amen. Bei diesen letzten Worten machte der Major das Zeichen des Kreuzes. Dem entsprechend war dann auch das Gebet nach Tische,[2]) in welchem nach den Worten des Preises Ap. 7,12 den Wohlthätern und Freunden der Sekte Gutes gewünscht und Gott gebeten wurde, dass er zu der leiblichen auch die geistliche Speise geben möge. Zuweilen wurde während des Vormahls (prandium, gegen Mittag) oder während des Hauptmahls (coena, gegen Abend) auch von dem Major gepredigt.

Dem Major beichten ausser den credentes auch die Mitglieder oder socii des Hospizes. Die Beichte ist durchaus freiwillig. Die Absolution wird nicht in kategorischer Form, sondern in der des Wunsches erteilt: Deus te absolvat ab omnibus peccatis tuis. Der Beichtiger legt dem Beichtenden Busse bis zum Tode und eine bestimmte Strafe oder Pönitenz auf, welche melioramentum hiess;[3]) der Major omnium kann diese Strafe ganz oder teilweise erlassen.[4]) wiewohl er das für gewöhnlich nicht thut.

Kommen credentes zum Hospize, so finden sie die freundlichste Auf-

---

1) Tr. vat. nr. 19 u. 20.
2) Tract. vat. nr. 22 u. 23. Akt. v. Carcassonne, Doc. 11 und im wesentlichen noch ebenso im Anf. des 14. Jahrh., s. Prot. v. Languedoc p. 134.
3) Lib. sentent. inqu. s. Tholos S. 263: Poenitentiam, quam melioramentum vocant, recipiendo.
4) Prot. v. Languedoc, Doc. 115.

uahme, und die Ehre, die man ihnen erweist,[1]) ist natürlich geeignet, das Band, das sie mit der Gemeinschaft verbindet, um so fester zu ziehen. In früherer Zeit wohl in allen Hospizen, im Anfang des 14. Jahrhunderts nur in dem Hospize, wo der Majoralis sich eben aufhält und ausserdem nur noch in wenigen wurde am Gründonnerstag jedes Jahr die Gedächtnisfeier dessen begangen, was einst der Herr an diesem Tage gethan hatte.

Der Major wäscht zuerst seinen Genossen die Füsse, setzt sich dann mit ihnen zu dem schon vorher bereiteten Tische, auf welchem Brod, Wein und Fische stehen, und segnet diese Gaben. Das Mahl sollte, wie die Protokolle von Languedoc sagen, kein Opfer, sondern ein Gedächtnismahl sein. Der Herr, der einst die fünf Gerstenbrode und zwei Fische gesegnet und welcher Wasser in Wein verwandelt hat, wird gebeten, auch jetzt diese Dinge zu segnen.[2]) Auch credentes konnten an diesem Mahle teilnehmen. Abwesenden wurde davon gebracht.[3]) Hierauf erst folgte die Abendmahlsfeier. Es erinnert dieser Anschluss der Abendmahlsfeier an das vorhergehende Mahl an die Einsetzung des hl. Abendmahls am Schlusse des Passahmahles und an die den Liebesmahlen oder Agapen der alten Kirche folgende Feier des Sakraments. Die Feier hatte folgenden Verlauf: Auf einen mit einem weissen Tuche bedeckten Altar wurde ungesäuertes Brod und ein Kelch mit unvermischtem Weine gesetzt, und nach einem Gebet um Vergebung der Sünden und siebenmaligem Vaterunser erfolgte die Consekration durch Bezeichnung der Elemente mit dem Zeichen des Kreuzes und das Sprechen der Einsetzungsworte. „Der Kon-

---

1) Tr. vat. nr. 26: Si aliqui credentes vel amici eorum ad hospitium veniunt, fit eisdem magnum festum et cum magno gaudio recipiuntur.
2) Doc. 102: Major in die coenae post nonam (gegen 3 Uhr nachmittags) jam coena praeparata lavat pedes sociorum, quo facto ponit se ad mensam cum eis et tunc accipiens panem, vinum et piscem, benedicit non in sacrificium vel holocaustum, sed in memoriam dominicae coenae etc.
3) Prot. v. Languedoc, Doc. 233: Inveni quod A. haereticorum Valdensium credens fueris et amica etc. — Cum asserueris et multos et multis vicibus scienter recepisse Valdenses haereticos, comedisse cum eis, accepisse panem a mulieribus Valdensibus, comedisse etiam de pane in coena domini et in domo tua ab ipsis Valdensibus benedicto etc. Dagegen Doc. 103: Et non datur aliquid de praedictis credentibus eorum nec etiam volunt, quod hoc ipsi sciant, ist unrichtig. Vgl. auch Concil. Norbonnense (1243) bei Mansi XXIII, f. 364 u. Akt. v. Carc., Doc.8: Per totum autem residuum spatium anni non dant infirmis suis nisi panem benedictum et vinum.

sekrierende", so sagt der Bericht, „thut nichts als was Christus gesagt und gethan hat. Die Weise, wie die römischen Priester Messe halten, haben sie nicht".[1])

Die Einrichtung der Hospize reicht ohne Zweifel gleich jener der scholae bei den Lombarden bis in die älteste Zeit der Sekte zurück. Gehört ja der vat. Traktat, der uns darüber berichtet, der ersten Hälfte des 13. Jahrhunderts an. Die Generalkapitel sind vorherrschend zusammengesetzt aus den Vertretern der Hospize. So scheinen diese die Grundlage für jene zu bilden. Die Hospize bestehen im Anfange des 14. Jahrhunderts noch fort. Die Erwähnung vieler Majores bei der Ordination der Diakonen (Doc. 37) und die Art wie im Liber sententiarum des Zusammenlebens der fratres gedacht wird, lässt darauf schliessen.[2])

Im Laufe der späteren Zeit lösten sich, wie es scheint, viele dieser festen Mittelpunkte waldesischen Lebens unter den Einwirkungen der Verfolgungen auf, und die Wanderpredigt der Lehrer in den Häusern der credentes wurde das Vorherrschende.[3])

Welche Bedeutung in der älteren Zeit die Hospize für die Sekte hatten, erkennt man, wie schon berührt wurde, daraus, dass die Vorsteher der Hospize als solche die regelmässige Vertretung der Sekte auf dem

---

1) Prot. v. Languedoc, Doc. 130: nec facit nisi solum illud quod dominus dixit et fecit in coena, quando panem et vinum convertit in suum corpus et sanguinem. cf. ib. p. 100: tamen non tenet illum modum, quando conficit corpus Christi, nec missam celebrat, quam tenent episcopi et presbyteri subjecti Romanae ecclesiae.
2) Lib. sentent. inquis. Tholosanae 252: Item in dictis partibus vidit et visitavit pluries multos Valdenses perfectos in diversis domibus seu hospiciis et in diversis villis, quas nominat. S. 345: Item post praedicta Huguetus frequenter transivit per domum ipsius Jacobi eundo et redeundo, et tunc dictus Huguetus narravit sibi, quod ipse morabatur cum aliquibus clericis et unus ex eis vocabatur Bartholomäus et erat magister suus. ib.: Item Huguetus praedictus dixerat sibi, quod tres alii erant socii dicti Bartholomaei, quorum unus vocabatur Cristinus et erat maior inter cos. p. 237: Matheus — 1316 vidit et visitavit in quadam domo, quam nominat, 4 Valdenses, sciens ipsos esse tales. Vidit Johannem Martini et Petitum et socios ipsorum, quorum nomina nescit, non simul, sed per vices et comedit et bibit cum eis in eadem mensa. Auch hier scheint ein Hospiz angedeutet zu sein.
3) Friess, Oesterr. Vierteljahrsschr. etc. XI, 259: Item singulis annis in conventiculis eorum (General-Kapitel) solent mutare personas cum convicariis suis, ne agnoscantur a christianis, et nunquam permanet aliquis eorum in magisterio suo ad unum locum. Vgl. auch Wattenbach, Ueber die Inquisit. geg. die Wald. Berl. 1886, S. 21, wo nur von den von auswärts kommenden „Aposteln" die Rede ist, aber keine Spur von einheimischen im Lande verweilenden Lehrern sich findet. Freilich haben wir hier ein von den Lombarden missioniertes Gebiet.

jährlichen Generalkapitel bildeten,[1]) bei welchem die höchste gesetzgebende Gewalt war, und dass die Besprechung des Standes und der Beschaffenheit der einzelnen Hospize einen der regelmässigen Beratungsgegenstände bildete. Es musste da ein jeder der Majores über den Stand seiner „Familie", d. i. seines Hospizes, berichten, wozu selbstverständlich auch die jährlich die Hospize bereisenden Visitatoren ihre Bemerkungen gefügt haben werden. Ungehorsame Mitglieder der Hospize wurden durch das Kapitel anderen „sociis", d. i. einem andern Hospize, zugewiesen.[2])

Wir finden gegen Ende des Mittelalters organisierte waldesische Gemeinden in den Thälern von Piemont. Sie sind wahrscheinlich aus den Hospizen hervorgegangen. Denn als Ansätze zu einer kirchlichen Gemeindebildung sind die Waldesierhospize unstreitig anzusehen.

Die Generalkapitel.

Diese Generalkapitel oder Konzilien der Waldesier wurden einmal im Jahre, unter Umständen auch zweimal, und in der Regel in der Quadragesimalzeit gehalten.[3]) Sie fanden im 13. Jahrhundert zumeist in der Lombardei statt, wo die französischen Waldesier noch lange ihre Anhänger hatten und wo infolge der politischen Verhältnisse auch die Gefahr für sie geringer sein mochte als in Südfrankreich. Als Ort der Zusammenkunft wurde eine grössere Stadt gewählt und die Versammlung auf die Zeit verlegt, wo Messe oder Markt in der Stadt war, weil man da leichter verborgen bleiben konnte. Wie für die zur Messe kommenden Kaufleute war schon lange zuvor von einem der credentes ein Haus gemietet. Deutschland war in der Zeit, aus der unser vatik. Traktat stammt, durch 3—4 perfecti vertreten, die einen Dolmetsch mit sich führten. Bei den damals häufigen Pilgerfahrten nach Rom mochten diese Fremdlinge von

---

[1] Tr. vat. nr. 30: in quo quidem generali concilio seu capitulo quasi omnes haeretici hospitiorum gubernatores congregantur.
[2] Trakt. vat. nr. 32: In praedicto siquidem capitulo tractetur (?) de statu omni dictae sectae et quaeritur a quolibet, ut audivit de statu familiae suae et qualiter se gubernet et si fuerint aliqui inobedientes vel rebelles, mittantur et cum aliis sociis adjungantur.
[3] Nach Act. Carc. Doc. p. 10 auch wohl zweimal: Singulis annis tenent et celebrant unum vel duo capitula generalia in aliqua solenni villa, occulte quantum possunt, convenientes in aliqua domo conducta per aliquem vel aliquos de credentibus suis diu ante quasi sint mercatores.

jenseits der Alpen leicht für Pilger gelten.¹) Den eigentlichen Kern der Versammlung bildeten die Vorsteher der Hospize, die Majores; ausserdem konnten noch ältere perfecti anwesend sein. Die credentes, die jüngeren perfecti, die Frauen, auch wenn sie perfectae waren, waren ausgeschlossen.²)

Wir werden, was der vatikanische Traktat von der Gewalt der sandaliati sagt, quodquod per ipsos sandaliatos ordinatur, constituitur vel etiam praecipitur, ab omnibus inferioribus irrefragabiliter observatur et eisdem tanquam capitibus obediunt, zunächst von den auf den Generalkapiteln versammelten sandaliati zu verstehen und in diesen Generalkapiteln die höchste gesetzgebende Gewalt der Waldesier zu sehen haben. Wenn in den Akten von Carcassonne gesagt ist, dass auf den Generalkapiteln der Major omnium über die Presbyterate und Diakonate und über die in die verschiedenen Gegenden zu entsendenden Beichtiger und Almosensammler bestimme und die Rechenschaftsberichte über Einnahmen und Ausgaben empfange,³) so müssen nach der etwas älteren vatikanischen Quelle diese Anordnungen des Major omnium als solche angesehen werden, die teils von der Zustimmung des Kapitels abhängig, teils nur Ausführung der Beschlüsse desselben waren. Denn nach dieser letzteren Quelle wird nicht bloss die Verteilung der Gelder an die verschiedenen Hospize, sondern auch die Verfügung über die Aufnahme unter die perfecti die Ordination der sandaliati, die Aussendung der Visitatoren etc. auf die Gesamtheit zurückgeführt.⁴) Von dem Major omnium ist in diesem Traktate gar nicht die Rede, sondern nur von den Beschlüssen der sandaliati, ein Zeichen, dass wir in den früheren Zeiten in dem Majoralis mehr nur den Vollzieher der Beschlüsse der Gesamtheit zu sehen haben. Im Anfang

---

1) Tr. vat. nr. 28 u. 29.
2) Tract. vat. nr. 30 u. 31: In quo quidem generali concilio seu capitulo omnes haeretici hospitiorum gubernatores congregantur. In quo etiam capitulo credentes non admittuntur nec perfecti haeretici juvenes, nec mulieres quamvis sint perfectae et antiquae, nec aliquis haereticus perfectus, quamvis antiquus, nisi eorum voluntati et obedientiae totaliter sit subjectus et servet immobiliter sectam illam. Aus letzterem Satze geht hervor, dass auch die übrigen Presbyter sowie die älteren Diakonen an den Beratungen teilnehmen konnten, wenn sie nicht durch ungehöriges Verhalten dieses Recht verloren hatten.
3) Akt. v. Carc., Doc. 10.
4) Tract. vat. nr. 32 ff.

des 14. Jahrhunderts scheint der Majoralis allerdings eine mehr selbständige Stellung gewonnen zu haben.

Als erstes, was Gegenstand der Besprechung oder Beschlussfassung für die Generalkapitel war, ist im Traktat der Zustand der Gesamtheit genannt. Hiefür hatten die Vorsteher der einzelnen Hospize über den Stand ihrer Hospize zu berichten, zu welchen Berichten dann, wie schon oben bemerkt ist, auch jene der Visitatoren werden gekommen sein.[1]) Sodann beschlossen die Generalkapitel über die Aufnahme in den Stand der perfecti und sandaliati, sie wählten den Majoralis, sie entschieden über Lehr- und Verfassungsfragen und die Verteilung der Gelder. Sie sind nicht die societas Valdesiorum oder das commune derselben, sondern sie vertreten dasselbe, und die Beschlüsse der Generalkapitel sind Beschlüsse der Kommune, wie die Beschlüsse der Konzilien Beschlüsse der Kirche sind.[2])

Beaufsichtigung.

Durch die alljährlich auf den Generalkapiteln erwählten Visitatoren tritt die Gesamtheit in Berührung mit den einzelnen Kreisen. Die Visitatoren kommen in der für die credentes arbeitsfreieren Winterzeit zu den Hospizen, je einer von einem Diakon begleitet.[3]) Das Nähere der Zeit ihrer Ankunft ist schon länger vorher angekündigt. Sind sie angekommen, so finden sich alsbald auch die umwohnenden credentes ein. Die Visi-

---

1) Vgl. Tract. vat. nr. 32: In praedicto siquidem capitulo tractatur de statu omni dictae sectae et queritur a quolibet ut audivit de statu familiae suae et qualiter se gubernet, et si fuerint aliqui inobedientes vel rebelles, mittuntur et cum aliis sociis adjunguntur.

2) In diesem Sinne sind im Sendschreiben von 1218 „commune nostrum et illorum, congregatum in unum — communiter eligat" und „communi utriusque societatis consilio" zu verstehen. Vgl. damit nr. 15, wo die sechs Abgesandten genannt werden, qui pro communi sue societatis consilio convenerant cum totidem ex nostris fratribus. Die Abgesandten von beiden Seiten kommen zusammen, dass ein jeder Teil die Friedensratschläge vertrete, welche im Namen seiner ganzen Genossenschaft, also als gemeinsame gemacht werden. In gleicher Weise bringen auch die Generalkapitel den Rat und Willen der ganzen Genossenschaft zum Ausdruck.

3) Tract. vat. nr. 35: Item in dicto capitulo deputantur et constituuntur visitatores amicorum suorum et credentium, qui visitare debeant illo anno et mittuntur duo in qualibet regione seu provincia. Dass der eine dieser beiden Visitatoren ein Diakon war, geht auch aus dem Bericht von 1391 bei Friess a. a. O. 258 f. hervor. Dort heisst es von dem neu unter die fratres Aufgenommenen: Prohibetur tamen interdum per VII, VIII vel X annos ex causis ab auditione confessionum, sequendo seniorem de terra in terram etc.

tatoren bleiben drei bis vier Tage; sie prüfen die Zustände des Hospizes, sie lehren, predigen, hören Beichte. Der Versammlungen sind mehrere nach einander, weil jede der Gefahr wegen nur klein sein kann. Eben der Gefahr wegen werden sie auch häufig in der Nacht gehalten.

Hat der Visitator sein Geschäft beendigt, so bestellt er die Grüsse der Brüder, und die credentes sowie die Mitglieder des Hospizes tragen ihm ihre Gegengrüsse auf und ersuchen um die Fürbitte der andern. Den Frauen und Kindern der credentes pflegen die Visitatoren kleine Geschenke wie Messerchen, Nadeln, Gürtel u. s. w. mitzubringen, um ihnen desto willkommener zu sein und ihr Zutrauen leichter zu gewinnen. Der Diakon, welcher den Visitator begleitet, nimmt die seit der letzten Visitation von den credentes gesammelten Gelder für den Unterhalt der Brüder in Empfang, um sie an das nächste Generalkapitel abzuliefern, wo sie nach Bedürfnis der einzelnen Hospize und dem Ermessen des Kapitels verteilt werden. Das meiste Geld, sagt der vatikanische Traktat, komme von Deutschland. So ziehen die Visitatoren von Hospiz zu Hospiz. Einer der credentes gibt ihnen jedesmal bis zum nächsten Hospiz das Geleite.[1])

Credentes.

Die credentes oder amici der Waldesier sollen nach Müller gar nicht zur Sekte gehört haben, vielmehr Mitglieder der römischen Kirche geblieben sein und nur „dasjenige an oder auf sich genommen haben, was die Genossen des Waldez ihnen boten oder auferlegten". Und er versteht dies von der Zeit, in welcher die Kirche die Genossen des Waldez bereits ausgestossen hatte.[2]) Ich habe mich gegen diese Auffassung schon früher unter Hinweis auf die entgegenstehenden Zeugnisse erklärt,[3]) welche Zeugnisse gerade der Zeit und den Gegenden angehören, auf welche Müller sich beruft. Ich habe darauf hingewiesen, dass nach den Urteilen der Inquisition von Toulouse die waldesischen credentes verurteilt werden,

---

1) Tract. vat. nr. 43—50.
2) a. a. O. 11, 12, 98.
3) Ueber das Verhältnis der Taboriten etc. S. 75 ff.

weil sie „de secta" der Waldesier sein wollten, „in ea" glaubten selig zu werden, „in ea" beharren wollten, und weil sie nicht zurückkehren wollten ad ecclesiasticam unitatem, womit zugleich erwiesen ist, dass sie sich nicht mehr als Glieder der römischen Kirche betrachteten. Und die Lehrer konnten das Gegenteil wohl kaum wünschen, wenn die römische Kirche auch ihnen, wie ich nachwies, ein domus mendacii war; und wenn sie, wie u. a. Moneta bezeugt, ihre Sekte als die wahre Kirche der römischen gegenüberstellten, so setzt dies ja auch voraus, dass sie in ihren credentes ebenso die rechte christliche Gemeinde erblickten, wie sie sich selbst für die rechten Hirten und Lehrer ansahen.[1])

Müller beruft sich darauf, dass vom 12. bis zum 14. Jahrhundert alle ausserdeutschen Quellen, die eine genauere Kenntnis verrieten, unter Waldensern, Armen u. s. w. nicht etwaige Gemeinden oder deren Mitglieder, sondern die apostolischen Reiseprediger, die sogenannten perfecti verstanden. Wenn nun gleich auch dieses nicht ohne weiteres richtig ist, da die Bezeichnung Valdensis perfectus voraussetzt, dass die Inquisition Waldesier kennt, welche nicht perfecti sind,[2]) so ist doch selbst bei der Annahme Müllers, dass mit dem Worte Waldenses immer nur die Reiseprediger gemeint seien, der Schluss ungerechtfertigt, dass die nur als credentes Valdensium bezeichneten nicht zur Sekte gehört hätten. Die Lehrer, die perfecti, bildeten den Kern der Sekte. sie sind die Träger der bekämpften Lehre, die von Waldez ausgegangen war, darum sind sie den Inquisitoren vorzugsweise die Waldesier; aber nirgends findet sich eine Spur davon, dass diese die credentes Valdensium als nicht zur Sekte gehörig betrachteten, oder dass die waldesischen Lehrer sie nicht als Glieder der wahren Kirche, die zu sein sie behaupteten, angesehen hätten. Auch unser vatikanischer Traktat sagt, wie wohl er zwischen der Sekte im engeren und weiteren Sinn unterscheidet, Primo est sciendum, quod de secta praedictorum haereticorum alii dicuntur haeretici perfecti et

---

1) Vgl. die Aeusserungen des waldesischen Diakons Raymund von Costa in den Protokollen v. Languedoc, Doc. 127: Item dixit, quod credit, quod eorum ecclesia sit illa, quam bonus pastor rexit, et quam Christus elegit. Item dixit, quod credit, quod ecclesia Romana non est bona, quia non credit illa, quae ipsi credunt, et quia eos persequitur.
2) Lib. sent. f. 232: Sciebat esse Valdensem perfectum. f. 241: Joannis — Valdensis perfecti. f. 252: In dictis partibus vidit et visitavit pluries multos Valdenses perfectos.

consolati, alii amici eorundem, lässt also die Sekte in diese beiden Hälften zerfallen. Gehörten nun aber die credentes zur Sekte, so ist zu vermuten, dass die Aufnahme in die Sekte ebenso durch einen besonderen feierlichen Akt erfolgt sein werde, wie die Aufnahme der credentes unter die perfecti, wenn derselbe auch einfacher gewesen sein mag und geringere Verpflichtungen mit sich gebracht hat.

Das Konzil von Tarragon von 1242 nennt als Zeichen, die jemand der waldesischen Häresie verdächtig machen: das Hören der Predigt bei den waldesischen Predigern, das Knieen und Beten mit ihnen, das Dafürhalten, dass sie gute Menschen seien, das Küssen derselben; allein entscheidend dafür, dass ein solcher ein credens sei, sind dem Konzil diese Zeichen nicht; denn weiter unten wird bemerkt, einer, der solches thue, könne auch wohl ein blosser Gönner und Wohlthäter der Sekte sein.[1]) Ein sicheres Zeichen für die Inquisitoren war es dagegen, wenn der Angeklagte bei den waldesischen Lehrern gebeichtet hatte. In den pommerischen Inquisitionsakten, welche es mit Waldesiern zu thun haben, die dem lombardischen Kreise angehören, wird meist mit der Einführung in die Sekte auch die erste Beichte erwähnt und von dieser Beichte an die Zeit der Zugehörigkeit zur Sekte bemessen.[2]) So scheint bei den norddeutschen Waldesiern die Beichte ein Moment bei der Einführung und Aufnahme in die Sekte gewesen zu sein. Ferner ist mit Bestimmtheit bezeugt, dass bei den lombardischen Waldesiern die Aufnahme von einfach Gläubigen in die Sekte unter Abnahme eines Versprechens stattfand, so wenn in dem Processus contra Waldenses in Lombardia superiori vom Jahre 1387 der Inquisitor den Angeklagten fragt, utrum sit de secta Valdensium et promisit servare Valdensia, und der Angeklagte antwortet: quod sic, in manibus magistri Baridonis in Bargis. Aus dem dann Folgenden geht hervor, dass hier von der Aufnahme einfach Gläubiger die Rede ist.[3])

1) Mansi, Concil. nova et amplissima collectio T. XXIII f. 554 sq.
2) Vgl. Wattenbach, Ueber die Inquisition gegen die Waldenser in Pommern u. d. Mark Brandenburg Berl. 1886. S. 36: ipsam induxerunt, et quod faceret bene, dixerunt ei, et accedere et confiteri heresiarche et nulli dicere — —. Ib.: Et sic eo vivente ipsa ex induccione fratris confessa sit primo heresiarche etc. Ib.: quod ipsum Hennyng Grencz induxerit in Cochstede et jussus per uxorem suam dominam tunc ibidem confessus sit primo in camera etc. p. 37: Ipsam induxerat Sch. — ad confitendum heresiarce in domo sua. Ib.: induxit mulier dicta Kappe etc., cui serviens prima confessa est in camera domus inductricis etc.
3) Archivio storico italiano. Serie terza. T. I P. II. Fir. 1865. p. 39, 40. cf. T. I P. I p. 9.

In dem Liber sententiarum von Toulouse wird der Beichte als eines Zeichens der Zugehörigkeit zur Sekte wohl auch gedacht, aber nicht so im Zusammenhang mit der Einführung in die Sekte. Auch die übrigen Dinge, welche da als belastend angeführt werden, geben uns keinen Anhaltspunkt zur Beantwortung unserer Frage. Denn wenn die Angeschuldigten als der waldesischen Häresie überführt bezeichnet werden, weil sie mit den Waldesiern gebetet hätten und zwar „mit gebogenen Knieen über eine Bank gelehnt nach der Sitte der Waldesier", oder dass sie ihre Predigt gehört, ihnen gebeichtet, dass sie mit den Waldesiern gegessen und getrunken hätten am Tische, den diese gesegnet hatten [1] u. s. w., so führt uns all dies noch nicht auf den Akt der Aufnahme selbst zurück.

Nur eine einzige Stelle habe ich bis jetzt gefunden, welche über die Frage nach einer förmlichen Aufnahme unter die Zahl der credentes bei den französischen Waldesiern Aufschluss zu geben scheint. Sie findet sich in dem eben genannten Liber sententiarum von Toulouse und betrifft eine gewisse Hugueta, das Weib eines Johann von Vienne, welche mit ihrem Manne von der Inquisition, weil beide auf ihrem Glauben beharrten, zum Tode verurteilt wurde. Beide waren credentes der Sekte. Hugueta gehörte seit ihrem 12. Jahre der Sekte an. Ein waldesischer Prediger Gerard hatte sie damals unterrichtet, und sie hatte versprochen, der Sekte und dem Glauben der Waldesier beizutreten, cui Gerardo ipsa promisit, quod volebat esse de secta sua et fide. Nach der Weisung Gerards ging sie dann zu dem Majoralis Johann von Lothringen, der ihr nocheinmal die Hauptsätze der waldesischen Lehre vorhielt und dem sie dann das Versprechen gab, sie wolle dem Glauben und der Sekte angehören und ihm, dem Majoralis, gehorchen, et dicto Johanni promisit, quod volebat esse de fide et secta sua et eidem obedire.[2] Wir sehen hier, dass bei

---

[1] Lib. sent. 231 sqq. et passim.
[2] Lib. sent. 290. Hugueta war keine perfecta, als welche sie irrtümlich in einer Ueberschrift in den Protokollen der Inquisition von Languedoc bezeichnet wurde s. o. S. 665 Anm. 1. Dass hier ein Versehen des Schreibers vorliege, ersieht man sowohl aus der dort mitgeteilten Confessio der Hugueta als auch aus dem bei Limborch mitgeteilten Todesurteil, in welchen beiden nicht die geringste Andeutung darauf hinweist, dass sie eine perfecta war. Dagegen spricht alles dafür, dass sie eine der credentes war. Hugueta leistet dem Majoralis, wie ein Vergleich des Urteils mit der Confessio ergibt, nicht lange nach ihrem 12. Jahre das Versprechen, der Sekte angehören zu wollen. In solcher Jugend wurde schwerlich jemand in die Zahl der perfecti aufgenommen. Ferner

den Franzosen ähnlich wie bei den Lombarden eine förmliche Aufnahme in die Sekte und zwar durch den Majoralis oder einen Stellvertreter desselben stattgefunden, und dass diese Aufnahme mit einem Bekenntnis zu den Hauptartikeln der waldesischen Lehre und dem Gelübde sich vollzogen hat, bei diesem Glauben zu beharren und dem Majoralis zu gehorchen. In der Consultatio Tarragonensis vom Jahre 1242 wird die Frage, ob einer, welcher einen insabatatus geküsst habe, als credens zu erachten sei, verneint, da auch das nur bis zum Beweis der Gönnerschaft hinreiche.[1]) Aber es wäre gewiss eine unrichtige Auffassung, wenn man meinte, dass dieses wie die andern dort genannten Zeichen nicht auch ein Zeichen für die credentes gewesen sein könnte; es war es nur nicht für die credeutes allein. Nun sahen wir, dass die Gläubigen der Waldesier bei ihrer Aufnahme unter die perfecti das osculum pacis empfingen. Es liegt darum nahe, anzunehmen, dass dieser Brauch auch ein Moment bei dem Akt der Aufnahme unter die credentes bildete, und ferner könnte es sein, dass auch bei den französischen Waldesiern wie bei den Waldesiern in Pommern eine Beichte mit der Aufnahme verbunden gewesen wäre.

Für die schon früher von mir ausgesprochene Ansicht, dass die credentes der Waldesier dasselbe seien wie die im Sendschreiben der lombardischen Armen genannten amici, an welche nächst den fratres und sorores das Sendschreiben gerichtet ist, finden wir in dem vatikanischen Traktat eine erwünschte Bestätigung. Nach ihm zerfällt die Sekte in die perfecti und in die amici derselben,[2]) und für diese amici wird im Verlauf des Textes auch amici et credentes gesetzt; dass aber dieses et credentes nicht eine weitere Klasse anzeigen, sondern nur ein erläuternder Zusatz sein soll, ersieht man daraus, dass beide Bezeichnungen auch zu einem Begriffe verbunden werden, wenn von den durch die perfecti unterwiesenen als von den credentibus amicis die Rede ist, oder wenn der Ausdruck amici geradezu für credentes gebraucht wird.[3])

ist das was sie gelobt, nicht das was die perfecti zu geloben haben, welche die drei Gelübde der Armut, der Ehelosigkeit und des Gehorsams ablegten. Hugueta tritt nachher in die Ehe mit Johann von Vienne und bleibt in derselben bis zu ihrer Verurteilung zum Tode, die gleichzeitig mit der ihres Mannes erfolgt.

1) Mansi a. a. O. f. 555.
2) So gleich im Anfang des vatik. Traktats: alii dicuntur haeretici perfecti et consolati, alii amici corundem.
3) nr. 10.

Für die credentes bildeten wenigstens im 13. Jahrhundert die Hospize den kirchlichen Mittelpunkt. Dorthin gingen sie zur Beichte, zur Predigt und in den früheren Zeiten auch zum Empfang des hl. Abendmahls. Zeuge für dieses letztere ist die Consultatio Avinionensis von 1235, wo diejenigen als credentes der Waldesier bezeichnet werden, welche von dem Brode gegessen haben, das die Waldesier „nach ihrer verfluchten Sitte" am Gründonnerstag weihen und das sie „für den verwandelten Leib Christi" halten.[1])

Von der Grundlage der Verfassung der Waldesier.

Ich kam in meinen Beiträgen zur Geschichte der Waldesier im Gegensatze zu Diekhoff auf die schon früher ausgesprochene Ansicht, dass die Gemeinschaft der Waldesier auf dem Grunde des allgemeinen Priestertums ruhe. „Nicht eine mönchische Askese", so fasste ich das Resultat meiner Erörterung zusammen,[2]) „welche, statt zur selbstgenügsamen Kontemplation sich zu wenden, den Priester- und Missionsberuf für das Volk ergreift — nicht das dürfen wir als die hervortretende Eigentümlichkeit der Waldesier hinstellen, sondern das ist es, dass sich hier eine religiöse Gemeinschaft im Gegensatze zu der bestehenden Priesterkirche auf Grund des allgemeinen Christenpriestertums erhebt, um nach Massgabe der Schrift die sittlich verfallene und verwahrloste Kirche aufzurichten". K. Müller und H. Haupt bekämpften meine Beweisgründe. An Dieckhoff sich anschliessend sagt Müller:[3]) „statt dass die Sekte auf die Idee des allgemeinen Priestertums aufgebaut gewesen wäre, ist sie vielmehr gar nichts anderes als eine Hierarchie, welche auf den Gedanken des apostolischen Lebens und der Forderung einer besonderen ethischen Vollkommenheit gegründet, sich der römischen Hierarchie zur Seite stellt, um in einer Organisation, welche wenigstens die Grundformen der letzteren teilt, die Predigt zu treiben, die sakramentale Busse zu spenden und in ihrer eigenen engsten Mitte das Abendmahl zu feiern. Von dem

---

1) Bei Müller a. a. O. S. 83.
2) Abh. d. III. Kl. d. Ak. d. W. XIII. Bd., I. Abth. 1875. S. 208.
3) a. a. O. S. 98.

allgemeinen Priestertum ist so wenig die Rede, dass die Laien überhaupt gar nicht zur Sekte gehören, dass vielmehr erst die Weihe zu einem der drei hierarchischen Grade die Mitgliedschaft verleiht. Alles was Preger für Rechte der Gemeinden hielt, stellt ausschliesslich Rechte dieser Hierarchie dar". Während G. Lechler in einer Besprechung meiner Abhandlung Ueber das Verhältnis der Taboriten zu den Waldesiern des 14. Jahrhunderts, in welcher ich meine Auffassung gegen Müller zu erhärten suchte, meinem Erweise beipflichtet.[1]) stellt sich H. Haupt gegen mich auf Müllers Seite und meint die Ursache meines Irrtums darin gefunden zu haben, dass ich einzelnen Angaben katholischer Schriftsteller, für die natürlich alle Waldesier unterschiedslos Laien gewesen seien, ein Gewicht beilege, das ihnen nicht zukomme. Er verweist mich auf Abs. 17 des Sendschreibens der lombardischen Armen von 1218, wo es ausdrücklich heisse, dass in keinem Notfalle ein Weib oder ein Laie konsekrieren könne, sondern nur der Priester, und auf ein Sendschreiben lombardischer Meister vom Jahre 1368, wo die gesamte Amtsgewalt der lombardischen Meister aus der erdichteten römischen Priesterweihe des Waldez abgeleitet werde.[2])

Nicht also das allgemeine Priestertum, sondern „das apostolische Leben im Sinne des Waldez, der Verzicht auf alles irdische Gut, also die evangelische Armut, ferner die apostolische Tracht und endlich das unstete Wandern im Dienste des apostolischen Berufs" soll nach Müller[3]) die Grundlage der waldesischen Hierarchie sein; oder es haben, wie es bei Haupt heisst,[4]) die waldesischen Prediger „nicht nur ihr Leben in apostolischer Vollkommenheit, sondern auch die Ordination seitens der Hierarchie der Sekte als die Grundlage für ihre priesterliche Thätigkeit betrachtet". Wir bemerken nun schon hier ein Uebersehen Haupts, wenn er das Leben in apostolischer Vollkommenheit und die Ordination seitens der Hierarchie der Sekte mit einem „nicht nur, sondern auch" koordiniert, während man doch gleich bei Waldez, dem Stifter der Sekte sieht, dass dieser seine

---

1) Theol. Literaturblatt v. Luthardt 1887 S. 416.
2) Neue Beiträge zur Geschichte des mittelalterlichen Waldenserthums in der Hist. Zeitschrift N. F. Bd. XXV S. 46.
3) a. a. O. S. 90 u. 98.
4) a. a. O. S. 46.

priesterliche Thätigkeit nicht auf die Ordination irgendwie gegründet haben kann. Denn die römische Priesterweihe des Waldez ist erdichtet, wie Haupt ja selbst sagt, und eine „Hierarchie der Sekte" bestand vor ihm nicht; worauf ruht also seine priesterliche Thätigkeit? Sagt man, seine Genossen ordinierten ihn, so muss man wieder fragen, auf welcher Grundlage ruhte das Recht seiner Genossen, ihn zu ordinieren? Wer hatte sie ordiniert? Also kommt die Ordination als Rechtsgrundlage bei der Frage über den Ursprung des waldesischen Priestertums gar nicht in Betracht. Und auch hinsichtlich der späteren Zeit, in der die Notwendigkeit der Ordination für priesterliche Funktionen durch die Hierarchie der Sekte betont wurde, hätte Haupt beachten sollen, dass die Berufung auf die Ordination zur Lösung unserer Frage nichts austrägt, denn auch in der Kirche der Reformation betonte man die Notwendigkeit der Ordination und war sich gleichwohl dessen bewusst, dass die Ausübung priesterlicher Funktionen durch die ordinierten Diener der Gemeinde ihre Rechtsgrundlage principaliter in dem allgemeinen Priestertum habe.

Es kann sich also hier nur um die Frage handeln, ob Dieckhoff und Müller recht haben, wenn sie sagen, dass die besondere Form apostolischer Vollkommenheit, wie sie oben bezeichnet wurde, in den ältesten Zeiten der Sekte als die eigentliche Rechtsgrundlage für die Ausübung priesterlicher Funktionen angesehen wurde. Und hiefür müssen wir zunächst auf den Ursprung der Sekte selbst zurückgehen.

Da handelt es sich nach den übereinstimmenden ältesten Berichten, wie bekannt, noch gar nicht um die priesterliche Sakramentsverwaltung, sondern um die Predigt des Evangeliums. Nach dem Bericht von Laon hat ein Meister der Theologie den reichen Waldez durch Hinweis auf Jesu Wort Matth. 19. 21 vermocht, seinen Besitz aufzugeben, und nach dem älteren Teile der Akten von Carcassonne, aus denen, wie ich oben nachgewiesen, auch Stephan von Borbone geschöpft hat, beschliesst er nun nach Dahingabe seines Besitzes servare paupertatem et perfectum evangelium, sicut apostoli servarunt. Er lässt sich zu diesem Zwecke die Evangelien und andere biblische Bücher, sowie Sentenzen der Kirchenväter übersetzen und kommt durch eifriges Lesen dieser Schriften dazu, auch darin es den Aposteln gleich thun zu wollen, dass er und andere, die sich ihm anschlossen, das Evangelium predigen. Dem Erzbischof von Lyon, der ihnen das verbieten will, antworten sie, man müsse Gott mehr gehorchen als den Menschen, und Gott habe den Aposteln befohlen, dass sie das Evangelium aller Kreatur predigten. Die Prälaten und Kleriker, so fügt der Bericht bei, hätten sie verachtet, weil sie in übermässigem Reichtum und sinnlichen Genüssen lebten.[1]) Also das Evangelium so vollkommen befolgen, wie es die Apostel gethan haben, das ist der Vorsatz des Waldez und seiner Genossen. Die Apostel haben in Armut gelebt, so wollen sie es auch, die Apostel haben Christi Befehl: Prediget das Evangelium aller Kreatur, erfüllt, so wollen sie es auch. Das Evangelium zu verkünden ist ein Gebot, das alle angeht, vor allen die Kleriker. Thun es diese nicht, so thun es wir. Dass wir recht haben, wenn wir Waldez und seine Genossen in dieser Weise verstehen, zeigt die Schrift des Bernhard von Fontcaude.[2])

Es ist die älteste Schrift, welche uns eingehender über die Waldesier berichtet, um 1190, also noch zu Lebzeiten der ersten Mitglieder der Sekte geschrieben. Bernhard schrieb seinen Traktat auf grund von Aussagen, welche die Waldesier auf zwei Religionsgesprächen gethan hatten, deren erstes durch den Erzbischof Bernhard von Narbonne veranstaltet worden war.

Die aus dem Munde der Waldesier hier mitgeteilten Argumente sind für unsere Frage von der grössten Wichtigkeit. Wir führen sie daher mit Weglassung der Zuthaten Bernhards sämtlich an. Nachdem Bernhard von den Waldesiern gesagt, sie predigen alle allenthalben und ohne Unterschied des Standes, Alters und Geschlechts, führt er die folgenden von ihnen vorgebrachten Gründe an: 1) Von einem jeden, der Gottes Wort unter die Leute auszusäen wisse, müsse gepredigt werden, weil Jakobus (4. 17) sage: Wer da weiss Gutes zu thun und thut es nicht, dem ist es Sünde. 2) Es stehe geschrieben: Wer es höret, der spreche: Komm (Apoc. 22, 17)! wozu Gregorius sage: Wer in seinem Herzen die Stimme der göttlichen Liebe vernommen, der lasse sie auch nach aussen dem

---

1) Doc. 6.
2) Contra Vallenses et contra Arrianos. Max. Bibl. vet. patr. Lugd. T. XXIV, f. 1585 sqq. Mit den Arrianern sind die Katharer gemeint, vgl. Döllinger, Beiträge zur Sektengeschichte des Mittelalters I, 91 f. Ueber die Zeit der Abfassung der Schrift Bernhards s. K. Müller a. a. O. S. 141 f.

Nächsten gegenüber als Mahnung kund werden, und wieder sage Gregorius: So viel ihr nach göttlicher Freigebigkeit vermögt, so reichet auch euerem Nächsten den Becher des guten Wortes dar. 3) Der Herr befiehlt Mc. 9, 39 den Jüngern, dem, der Teufel austrieb im Namen Jesu und ihnen nicht nachfolgte, dies nicht zu wehren. Deshalb soll man auch uns es nicht wehren, Christi Namen zu predigen, wiewohl wir den Bischöfen und den andern Priestern nicht nachfolgen. 4) Wiesen sie auf Pauli Wort Phil. 1, 18 ff.: Etliche zwar predigen Christum auch um Hass und Haders willen etc. Was ist ihm aber denn? dass nur Christus verkündiget werde allerlei Weise, es geschehe Zufalls oder rechter Weise, so freue ich mich doch etc. Warum also freuen sich nicht auch die Bischöfe, wenn Christus von uns gepredigt wird, sondern widersprechen uns? 5) Wiesen sie auf jene beiden Männer im Lager Israels hin, welche den Geist Gottes empfingen und weissagten, obwohl sie nicht zur Stiftshütte gekommen waren, wie befohlen war, und auf Moses Antwort, als Josua wollte, er solle ihnen wehren: Bist du der Eiferer für mich? Wollte Gott, dass alle das Volk des Herrn weissagte und der Herr seinen Geist über sie gäbe. Num. 11. 26—29. 6) Berufen sie sich auf das Beispiel von Laien, die gepredigt hätten. Hätten hier nicht die Waldesier, wo man ihnen das Recht zu predigen bestritt, auf ihr den Aposteln gleiches Leben hinweisen müssen, wenn sie wirklich daraus das Recht zur Predigt geschöpft hätten? Aber nicht ein einziges ihrer Argumente streift auch nur diesen Gedanken, ja einzelne, wie der Hinweis auf jenen, der den Aposteln nicht nachfolgen wollte, oder auf Pauli Wort Phil. 1, 18 ff., schliessen ihn vielmehr aus; alle endlich fassen das Predigen nicht anders als wie anderes Gutes und Gottgewolltes auch und darum als etwas allen Christen Gebotenes auf.

Im Jahre 1184 wurden die Waldesier exkommuniziert und mit ihnen alle die, welche zwar nicht predigten, aber sich zu ihnen hielten. Da musste sehr bald schon die Frage wegen der Verwaltung der Sakramente, insbesondere des Altarsakraments, zur Erörterung kommen. Der Rechtsgrund dafür konnte kaum ein anderer werden als der für die Predigt. Aber das Einzigartige und Wunderbare des Altarsakraments scheint doch zu manchen ernsten Erörterungen bezüglich der Verwaltung desselben geführt zu haben. Dem Bernhard von Fontcaude zeitlich am nächsten steht wohl die Schrift De fide catholica, welche dem Alanus von Lille († 1202) zugeschrieben wird und welche gegen die Häretiker jener Zeit gerichtet ist.[1]) Sie ist noch vor der Trennung der lombardischen Waldesier von den französischen verfasst. Im 2. Buch richtet sich diese Schrift gegen die Waldesier. Sie bekämpft zuerst (Kap. 2—4) den Schriftgrund, womit die Waldesier überhaupt ihr von der Kirche verbotenes Predigen verteidigten, indem sie sich auf das Wort des Petrus beriefen, dass man Gott mehr als den Menschen gehorchen müsse. Hier scheint Alanus bei seiner Polemik, wie Bernhard, vorauszusetzen, dass die Waldesier das Predigen als ein allen Christen gegebenes Gebot auffassten, denn erst jetzt, nachdem er bereits von der Predigt gesprochen hat, da wo er zu dem Kapitel von der Macht zu binden und zu lösen übergeht, wird das apostolische Leben mit hervorgehoben. Quod autem illis solis potestas ligandi et solvendi data sit, qui doctrinam simul et vitam apostolorum servant. variis conantur auctoritatibus probare. Und im Anschluss daran wird (Kap. 8) dann auch bei dem Altarsakrament das meritum vitae als mitwirkendes Moment betont: Ajunt etiam praedicti haeretici, quod magis operatur meritum ad consecrandum vel benedicendum, ligandum et solvendum, quam ordo vel officium. Unde ipsi, quamvis ordinati non sint, quia se justos esse fingunt et merita apostolorum habere, modo sacerdotali benedicere praesumunt. Dicunt etiam se posse consecrare, ligare et solvere, quia meritum dat potestatem non officium, et ideo qui se dicunt apostolorum vicarios, per merita debent eorum officia. Die Frage ist nun aber, ob bei dem meritum vitae apostolorum das Verdienstliche in der äusseren Form dieses Lebens oder in einer Heiligkeit des Lebens überhaupt gesehen wurde, wie sie allen Christen ziemt. Da gibt nun weiter dasselbe Kapitel den näheren Aufschluss. Sie suchten, heisst es, diesen Irrtum durch die Autorität des N. zu stützen, welcher sage: Sacerdotes non propria virtute benedicunt, sed quia figuram Christi gerunt, et propter eum, qui in ipsis est, benedictionis plenitudinem tribuunt. Itaque non solum is. qui sacerdotium sortitus est, sed quicunque Christum in se ipso habet et ejus figuram gerit per conversationem bonam sicut Moyses, idoneus est. ut benedictionem praestet. Nicht also eine bestimmte äussere Form des Lebens, wie schon der Hinweis auf Moses dies ausschliesst, sondern

---

1) Bei Migne, Patr. curs. T. 210, 306 sqq.

das Wohnen Christi im Herzen und ein heiliger Wandel überhaupt nach dem Vorbilde Christi — gibt Macht zu segnen.

Aus der Zeit nach der Trennung der Lombarden von den Franzosen ist zunächst das wichtige Sendschreiben der lombardischen Armen, welches an die deutschen Waldesier, Brüder und Freunde, gerichtet ist, und das in die zwanziger Jahre des 13. Jahrhunderts gehört, ins Auge zu fassen. Nach diesem Sendschreiben ist es ausser Zweifel, dass die Lombarden das heilige Leben nach dem Wort der Schrift als Bedingung für die Verwaltung des Priestertums ansahen, aber ein Leben nicht in jenen den Aposteln nachgeahmten äusseren Formen; denn von ihren zahlreichen Schriftbeweisen gegen die Franzosen führt kein einziger auf diese. Auch wissen wir, dass ihre Priester, im Unterschiede von den französischen, Handarbeit trieben und verheiratet sein konnten. Noch weniger aber kommt bei den Franzosen die Besonderheit der Lebensweise ihrer Prediger als massgebend für die Kraft der Sakramentsverwaltung in Betracht. Dreierlei Ansichten wurden hier dem Sendschreiben zufolge gegeneinander geltend gemacht (Abs. 16—18). Nach den einen beruhte die Kraft des Sakraments lediglich in den Einsetzungsworten, die andern an dritter Stelle Genannten fassten dies allgemeiner und sagten: Christus allein sei der bei der Eucharistie Konsekrierende, und thue es auch durch die Hand Böser. Beiderlei Meinungen lassen somit die Kraft des Sakraments weder auf einer besonderen Form apostolischer Vollkommenheit noch auf der Heiligkeit des Lebens des Spendenden überhaupt ruhen, wie sie denn auch im Gegensatz zu den Lombarden die Sakramentshandlung römischer Priester als wirksam anerkannten. Wie nun aber nach der Ansicht der Franzosen die Kraft der Sakramente nicht auf der Besonderheit apostolischer Lebensformen ruht, so ist dies auch nicht hinsichtlich des Rechtes der Sakramentsverwaltung der Fall. Von Interesse ist hierfür die zweite der angeführten Meinungen, deren Formulierung einige Schwierigkeit bietet, weil sie so gefasst ist, als handle es sich hauptsächlich um die Taufe. Aber der Ort, wo sie steht, und der Schluss, welchen die Lombarden daraus gegen die Franzosen ziehen, zeigen, dass es sich dabei eigentlich um das Altarsakrament handelt. Sie lautet (Abs. 17): Nemo potest baptizare, qui Christi corpus non valet conficere. Diese Partei der Franzosen geht also von der Gleichwertigkeit von Taufe und Abendmahl aus und ihr Schluss ist folgender: Können Weiber und nicht ordinierte Laien das Abendmahl nicht konsekrieren, dann können sie auch nicht taufen; nun können sie aber taufen, darum können sie auch das Abendmahl verwalten. Die Lombarden erkennen auch, dass die Franzosen mit ihrer Formel darauf zielen, und wollen ihnen nur klar machen, dass sie dadurch in Widerspruch mit einem andern ihrer Grundsätze gerieten, den sie selbst dahin formuliert hätten: hoc sacramentum non per mulierem, non per laicum, sed per solum confici sacerdotem. Dieser Versuch der Lombarden war freilich nichtig, da der oben angeführte Satz der Franzosen nur eine Thatsache ausdrücken, nichts über Möglichkeit oder Unmöglichkeit aussagen will. Denn wenn thatsächlich es bei den Franzosen dahin gekommen war, dass weder Weiber noch nicht ordinierte Laien, sondern nur Ordinierte konsekrierten, so folgte daraus noch nicht, dass Nichtordinierte auch im Notfalle nicht konsekrieren könnten. Die Fassung der Franzosen ist so, dass diese Möglichkeit gewahrt bleibt. Haupt hat darum Unrecht, wenn er diesen Satz der Franzosen gegen meine Ansicht verwenden zu können glaubt; er ist ebenso wenig verwendbar, als die Thatsache der Ordination oder die Betonung der Notwendigkeit derselben von seiten der Reformatoren gegen deren Lehre vom allgemeinen Priestertum verwendbar ist. Indem die Stelle so formuliert ist, dass sie die Möglichkeit der Konsekration durch Weiber und nichtordinierte Laien für den Notfall nicht ausschliesst, bestätigt sie es vielmehr gleichfalls, dass auch jene zweite Partei bei den Franzosen das Recht zu konsekrieren als ein Recht ansah, das im Notfalle alle üben könnten, auch die, welche nicht wie die Ordinierten an eine besondere Lebensweise gebunden waren.

Dem Sendschreiben zeitlich zunächst steht jener ältere Teil der Akten von Carcassonne, welchen, wie wir nachwiesen, bereits Stephan von Borbone benützt hat. Hier wird als Lehre der Waldesier angeführt quod consecratio corporis et sanguinis Christi potest fieri a quolibet justo, quamvis sit laicus, dum tantum sit de secta ipsorum, et hoc etiam credunt de mulieribus, et ita dicunt, quod omnis sanctus [1]) est sacerdos.

---

1) Diese richtige Lesart ist bei Bernhard Guidonis erhalten, der, wie wir sahen, gleich David und Borbone, die Akten benützt hat. Die bei Döllinger abgedruckte Handschrift hat unrichtig: quod omnis factus est sacerdos.

Hier erhält das quilibet justus eine nähere Beschränkung durch das dum tantum sit de secta ipsorum. Die Frage ist, ob das so viel heissen solle als dum tantum sit perfectus ipsorum. Es könnte dies also scheinen, da es nachher heisst: se ipsos vitae et perfectioni apostolorum comparantes et meritis coaequantes dicunt, se esse successores apostolorum et se tenere et servare evangelium et apostolorum spiritum. Wir werden wohl keinem Widerspruch begegnen, wenn wir das koordiniert gesetzte et se tenere etc. als die Begründung für das vorhergehende se esse successores apostolorum fassen. Der Satz erinnert an die oben aus Alanus angeführte Stelle quia se justos esse fingunt et merita apostolorum habere, modo sacerdotali benedicere praesumunt. Wir werden das servare evangelium et apostolorum spiritum in gleichem Sinne zu fassen haben wie jenes se justos esse fingunt et merita apostolorum habere. Dort aber sahen wir diese Stelle erläutert durch die Worte: quicunque Christum in se ipso habet et ejus figuram gerit per conversationem bonam sicut Moyses. Das servare evangelium et apostolorum spiritum hat also eine weitere Bedeutung als „die evangelische Armut, ferner die apostolische Tracht und endlich das unstete Wandern im Dienste des apostolischen Berufs", worin nach Müller die Grundlage der waldesischen Hierarchie bestehen soll.

Eine weitere Quelle, welche zwar, wie schon bemerkt, öfters trübe ist, aber immerhin Beachtung verdient, ist Stephan von Borbone. Ganz wie bei Alanus heisst es da zuerst [1]): „Die Waldesier sagen, alle Guten seien Priester, und jeder Gute könne in der Absolution dasselbe thun wie der Papst — sie sagen, allein der Herr könne von Sünden lossprechen (vgl. dazu auch die Absolutionsformel der Franzosen) und jeglicher gute Mensch könne das, weil der einzige Gott dies durch sie wirke, der in ihnen wohne." Er erwähnt eines angesehenen Lehrers derselben (magnus magister et legatus eorum), der ihm gegenüber in folgender Weise unterschieden habe: „Es gibt solche, welche weder von Gott noch von Menschen ordiniert sind, wie die bösen Laien, andere sind ordiniert von Menschen und nicht von Gott, wie unsere bösen Priester, andere sind ordiniert a Deo etsi non ab hominibus, ut boni laici, qui servant mandata Dei,

---

1) a. a. O. p. 295 sqq.

diese können binden und lösen und konsekrieren und ordinieren, si proferunt verba Dei ad hoc statuta. Einige aber von ihnen, wie er sagte, unterschieden hinsichtlich des Geschlechtes und sagten, der ordo erfordere das männliche Geschlecht, andere machten keinen Unterschied, weil ein Weib, wenn es gut sei, das Amt eines Priesters ausüben könne." Borbone erwähnt, er habe eine Ketzerin, die nachher verbrannt wurde, gesehen, die über einer altarartig aufgestellten Kiste die Konsekration vorgenommen habe. „Die vierten endlich", so schliesst bei Borbone die Klassifikation jenes Waldesiers, „sind von Gott und Menschen ordiniert, wenn Priester, die von Menschen ordiniert sind. die Befehle (mandata) Gottes beobachten, weil Gott die Sünder nicht erhört."

In dieser Aussage des waldesischen Lehrers ist bemerkenswert, dass auch hier das „gut" sein. worauf das Priesterrecht gegründet wird, nicht von einer besonderen Art der äusseren Lebensweise, sondern allgemein von der Befolgung der Gebote Gottes überhaupt verstanden wird, und sodann, dass die Wirksamkeit der Amtshandlungen böser Priester geläugnet wird. Letzteres ist, wie wir im Sendschreiben sahen, die Ansicht der Lombarden.

Auch Moneta, der Zeitgenossen Borbones, dessen für uns wichtiges Werk Adversus Catharos et Valdenses noch in die erste Hälfte des 13. Jahrhunderts fällt, fasst das „gut sein". worauf die Waldesier das Priesterrecht des Waldez gegründet sein liessen, im allgemeinen, nicht von besonderen Formen des Lebens gemeinten, Sinne, wenn er ihnen einwirft eadem enim ratione quilibet alius bonam vitam simulans posset idem dicere et sic sectam perditionis inducere.[1])

Gehen wir zu den Fragen, um die es sich bei diesen Erörterungen handelt, zurück. Die erste Frage ist: Ob Waldez und seine Genossen die Verkündigung des Evangeliums und später auch die Verwaltung der Sakramente als ein allgemeines Christenrecht in Anspruch genommen haben, oder ob sie es nur als ein partikulares, an besondere Formen des Lebens geknüpftes ansahen? Davon verschieden ist die zweite Frage: Ob Waldez und seine Genossen die Kraft und Wirksamkeit priesterlicher Handlungen sich, sei es von einem heiligen Leben überhaupt, sei es von den beson-

---

1) l. c. L. V, 4 f. 403.

deren Formen der Lebensweise, die sie sich ja, wie bekannt, auferlegten, abhängig gedacht haben? Was nun die erste Frage betrifft, so sehen wir, dass in keiner der besprochenen Quellen jene besonderen Formen des Lebens als Rechtsgrundlage für das priesterliche Thun betont werden, sondern nur das „gut sein", das heilige Leben, das den Geist Christi, der Apostel in sich haben, das Leben nach den Geboten Gottes, nach den Vorschriften des Evangeliums — also das Christsein, das was den Christen zum Christen, nicht das was ihn zum Mönche macht. Die Verkündigung des Evangeliums ist eine Verbreitung des Guten; wer es zu verkünden weiss und thut es nicht, dem ist es Sünde.

Hinsichtlich der zweiten Frage bestand ein Unterschied zwischen Lombarden und Franzosen; denn die Lombarden dachten sich die Kraft und Wirksamkeit der Sakramente von der sittlichen Würdigkeit des Verwaltenden abhängig, wie sie denn alle Priester der römischen Kirche, weil diese die Diener einer in ihren Augen abgefallenen Kirche waren, als befleckt und deren Sakramentsverwaltung als kraftlos ansahen, wogegen die Franzosen die Kraft und Wirksamkeit auf die Kraft des Wortes Christi zurückführten und demzufolge auch die Sakramentsverwaltung durch römische Priester als wirksam anerkannten.

Kann man nun auf grund jenes Resultates, nach welchem die Waldesier das Priesterrecht auf das gut sein, auf das dem Geiste Christi und der Apostel entsprechende Leben überhaupt gründeten, sagen, dass sie ihr besonderes priesterliches Thun auf das allgemeine Christenpriestertum gegründet hätten? Mir scheint hier kein Zweifel zu sein. Denn unter der durch die Reformation zur Herrschaft gekommenen Lehre vom allgemeinen Priestertum der Christen versteht man doch diejenige Lehre, nach welcher jeder Christ schon damit, dass er Christ ist, nicht bloss die Opfer des Dankes und eines heiligen Lebens Gott darzubringen hat, sondern nach welcher er auch Anteil hat an dem Rechte der Verwaltung der Gnadenmittel. Diese Lehre wurde der römischen Lehre entgegengestellt, nach welcher das Priestertum von der Gemeinde der Gläubigen völlig losgelöst ist und unabhängig von dieser sich von den Aposteln an mittelst der Ordination durch die Bischöfe, als durch die rechtmässigen Nachfolger der Apostel, durch alle Zeiten fortpflanzt, und nach welcher lediglich die durch die Ordination mitgeteilte Geistesgabe berechtigt und befähigt, zu lehren, die Sakramente zu verwalten und die Kirche zu regieren. Im Gegensatze hiezu schreibt Luther: „In der Taufe werden wir alle zu Priestern und Pfaffen geboren. darnach nimmt man aus solchen geborenen Pfaffen und beruft oder erwählt sie zu solchen Aemtern, die von unser aller wegen solch Amt ausrichten sollen."[1]) Der Priester verwaltet also nicht ein Priestertum, das die übrigen Christen nicht haben, sondern das was ein jeder und er selbst schon hatte, ehe er ordiniert wurde. Die Ordination gibt ihm nur Recht und Befugnis, das für die Gemeinschaft zu thun, was seiner Natur nach für die Gemeinschaft gehört. Vergleichen wir damit die Anschauung jenes Waldesiers Thomas, eines Doktors und Lehrers der lombardischen Armen, von welchem Moneta sagt, dass er das Recht des Priestertums und des Regierens für Waldez in folgender Weise beweisen wollte: „Jeder von der Vereinigung konnte auf Waldez sein Recht, sich selbst zu regieren, übertragen, und so konnte jene ganze Vereinigung übertragen und übertrug dem Waldez die Leitung aller und so bestellten sie ihn zum obersten Priester und Vorgesetzten über alle."[2]) Wenn nun gleich Moneta diese Beweisführung angreift und sagt, aus jener Prämisse des Thomas folge für Waldez nur das Recht des Regierens, nicht aber des Pontifikats, so ist dies wohl richtig, der Beweis ist lückenhaft; aber diese Lücke ergänzt sich von selbst, denn es ist klar, dass nach der Anschauung des Thomas beides, wie das Recht sich selbst zu regieren so auch die Gnadenmittel zu verwalten, in jedem einzelnen der Gemeinschaft lag. Nicht was er bewiesen hat, sondern was er beweisen wollte, ist der für unsere Frage entscheidende Punkt. Und da erhellt nun, dass seiner Beweisführung die gleiche Anschauung wie bei Luther zu grunde liegt: Ein jeder von den Genossen des Waldez hatte, ohne ordiniert zu sein, schon an sich das Recht, dem Waldez sein ursprüngliches Recht am Priestertum zu übertragen, um ihn so zum obersten Priester für alle zu machen.

Wenn nun aber die Waldesier das Wohnen Christi in uns oder das

1) Von der Winkelmesse und Pfaffenweihe. 1533. Erl. A. 31, 307 ff.
2) l. c. lib. V, 4, 1 f. 103: Quilibet de illa congregatione potuit dare Valdensio jus suum, scilicet regere se ipsum, et sic tota congregatio illa potuit conferre et contulit Valdesio regimen omnium et sic creaverunt illum omnium pontificem et praelatum.

dem Evangelium Christi entsprechende Leben überhaupt zur Grundlage für das Priestertum machten, ist das dasselbe wie die Taufe, auf welche Luther das allgemeine Christenrecht gegründet sein lässt? Wir sagen unbedenklich ja, da die Zugehörigkeit zu Christus das gemeinsame von beiden Grundanschauungen ist, nur dass die Luthers eine mehr objektive, die der Waldesier eine mehr subjektive Färbung trägt. Denn wie der Grundsatz Luthers von der Taufe den Willen, der Gemeinschaft mit Christus gemäss zu leben, mit einschliesst, so setzt auch das dem Willen Christi gemässe Leben bei den Waldesiern die Zugehörigkeit zu Christus durch die Taufe voraus. Für das besondere Priestertum ist beidemal das was den Christen zum Christen macht, und damit das allgemeine Priestertum die Grundlage.

Man hat nun gegen diese Auffassung auf die Thatsache hingewiesen, dass bei den französischen Waldesiern von den Lehrern das Gelübde der völligen Armut, wie man sie bei Christus und den Aposteln annahm, und ebenso der Ehelosigkeit gefordert wurde. Aber es ist ein Unterschied, ob man diese Gelübde als Grund oder als Folge des Priesterrechtes auffasst. Wären sie der Grund des Priesterrechtes, so würden sie als solcher unter den Argumenten der Waldesier die vornehmste Stelle einnehmen; aber dies ist so wenig der Fall, dass sie unter den andern, wie wir gesehen haben, nicht einmal genannt werden. Jene Gelübde wurden bei der Ordination zum Diakonus abgelegt. Nichtordinierte hätten also die Eucharistie niemals verwalten dürfen, wenn das Priesterrecht auf die Gelübde gegründet gewesen wäre. Wir sahen aber, dass Abs. 17 des Sendschreibens solche Fälle voraussetzt. Bezeichnend ist ferner, dass nach den Protokollen von Languedoc aus dem Anfang des 14. Jahrhunderts bei den französischen Waldesiern die Ablegung der Gelübde erst erfolgte, nachdem die Ordination zum Diakonus bereits stattgefunden hatte, und ferner, dass ausdrücklich bemerkt wird, dass die Vollkommenheit der französischen Prediger mehr auf der Ordination als auf den Gelübden ruhe; was heisst dies anders, als dass die perfectio auf dem ordo ruhe und nicht der ordo auf der perfectio?[1]) Die Führung eines vollkommenen

---

1) Doc. 103: Nullus est perfectus apud eos, nisi ordinatus ad minus in ordine diaconali et qui in illo existens fecerit votum paupertatis, castitatis et obedientiae, sed perfectio eorum status consistit magis in statu diaconatus quam in votis praedictis.

Lebens erschien als eine der Würde des Amtes entsprechende Folge, nicht als die das Amt begründende Ursache.

Müller hat ferner gegen mich eingewendet, dass bei den Waldesiern von dem allgemeinen Priestertum so wenig die Rede sei, dass die Laien überhaupt gar nicht zur Sekte gehörten, dass vielmehr erst die Weihe zu einem der drei hierarchischen Grade die Mitgliedschaft verliehen habe. Aber dass Müller mit dieser Annahme sich im Irrtum befinde, glaube ich hinreichend erwiesen zu haben, und auch im vorhergehenden Abschnitte dieser Abhandlung ist nocheinmal auf die Zeugnisse hingewiesen, welche die Zugehörigkeit der credentes zur Sekte auch für die ältere Zeit unzweifelhaft machen. Wenn nun Haupt meine Beweisführung zwar zutreffend findet, aber Müllers Ansicht wenigstens noch für die erste Periode der Waldesier gelten lassen will, zu welcher Periode er auch das Sendschreiben der lombardischen Armen rechnet, so ist dies gleichfalls nicht haltbar. Denn nach Abs. 14 des Sendschreibens wollten die Waldesier die ecclesia Christi sein. Eine Kirche besteht aber nicht bloss aus Hirten, sondern auch aus Herden, nicht bloss aus Lehrern, sondern auch aus Hörern, und so fasst denn auch der Schluss des Sendschreibens beide, Lehrende und Hörende, zusammen, wenn es da heisst (26): Deposcimus, quatenus — — Jesum in vobis et auditoribus vestris pro viribus et aetate et gratia et sapientia proficere procuretis. Von dieser Anschauung aus, dass die Gemeinschaft der Waldesier die aus Hirten und Herde bestehende ecclesia Christi sei, heisst dieselbe denn auch bei den französischen Waldesiern im Abs. 22 des Sendschreibens die congregatio baptizatorum, eine Bezeichnung, die unzutreffend wäre, wenn durch sie nur die Prediger gemeint sein sollten, da ja auch die amici oder auditores getauft waren.[1)]

Gehörten aber die credentes zur Sekte, dann ist auch unter der societas ultramontanorum und der societas italicorum, sowie unter dem

---

[1)] Die Unhaltbarkeit der Ansicht Müllers, nach welcher die congregatio baptizatorum im Sendschreiben „die allgemeine über jede Teilkirche hinausliegende kirchliche Gemeinschaft" sein soll, habe ich in meiner Abhandlung: Ueber das Verhältnis der Taboriten etc. S. 65 ff. nachzuweisen gesucht. Auch Haupt l. c. 47 findet keine Anhaltspunkte für eine solche Auffassung, sondern sieht in obigem Ausdruck nur eine Umschreibung für den Begriff der Kirche überhaupt Das ist gewiss richtig, nur übersieht er dabei, dass „diese Kirche überhaupt" für die Waldesier zunächst in der eigenen Gemeinschaft vorhanden war; denn von der römischen Kirche hielten sie, dass sie nicht die ecclesia Christi, nicht die wahre Kirche sei.

commune nostrum et illorum im Sendschreiben die ganze betreffende Genossenschaft mit Einschluss der credentes zu verstehen.

Müller hält meiner Auffassung die Stelle im 4. Abschnitt des Sendschreibens entgegen, wo es heisst: quod commune nostrum et illorum, congregatum in unum, communiter eligat etc. Er fragt, wie man dieses commune nostrum et illorum versammeln solle, um Wahlen vorzunehmen? Es sei ja unmöglich, dass alle zerstreuten Gemeinden hätten versammelt werden können, auch Versammlungen ihrer Abgeordneten seien nirgends bezeugt, noch auch bei den Verhältnissen der Klassen, aus denen sich die Sekte rekrutierte, anzunehmen. Und so kommt er auch von dieser Betrachtung aus wieder darauf zurück, dass unter der Sekte nur die Reiseprediger verstanden werden könnten.

Es konnte mir natürlich nie einfallen, an eine Versammlung aller Waldesier zu denken, wohl aber habe ich mir gedacht, dass bei dem Ausdruck commune nostrum et illorum congregatum in unum an eine Versammlung der Repräsentanten der Waldesier zu denken sei, und Müller hat ganz recht, wenn er an die Versammlung der Reiseprediger denkt; die Frage ist aber die, ob diese versammelten Reiseprediger die Sekte selbst sind oder ob sie dieselbe nur repräsentieren oder dieselbe vertreten? Und da sage ich nun: das letztere. Die Kommune oder die Gemeinde einer Stadt wird als eine wählende bezeichnet, auch wenn nur die ordentlichen Vertreter derselben die betreffende Wahl vornehmen. Wenn die Kurfürsten den deutschen König wählten, dann galt er als der vom Reiche erwählte; wenn die allgemeinen Konzilien eine Glaubensregel aufgestellt hatten, dann hatte die Kirche gesprochen.

Der Umstand, dass die nichtordinierten Laien von den Generalkapiteln ausgeschlossen waren, ist ebensowenig ein Beweis gegen den Satz, dass dem Gemeinwesen der Waldesier die Lehre vom allgemeinen Priestertum zu grunde lag, als der Umstand, dass die älteren lutherischen Synoden alle nur Predigersynoden waren, etwas gegen das allgemeine Priestertum der lutherischen Kirche beweist. Die Geistlichen galten damals so sehr als die natürlichen Vertreter der Kirche, dass an eine Vertretung durch weltliche Abgeordnete in der Regel gar nicht gedacht wurde. Und so war es bei den Waldesiern. Die waldesische, Prediger und Laien umfassende, Kirche war auf ihren Generalkapiteln nur durch die Prediger, bei den französischen Waldesiern nur durch zu Presbytern ordinierte perfecti vertreten. Die Thatsache, dass das Priestertum der Waldesier auf dem allgemeinen Priestertum ruhte, wird dadurch nicht aufgehoben. Ihre Kirche galt ihnen als die wahre Kirche, als die congregatio baptizatorum, die in ihren Vertretern sich ihre Ordnungen nach der Norm der Schrift gab und durch sie das Priestertum in geregelter Weise für die Gemeinschaft verwalten liess.

Cod. Vat. lat. 2648.[1])

De vita et actibus, de fide et erroribus haereticorum, qui se dicunt Pauperes Christi seu Pauperes de Lugduno.

1. Primo est sciendum, quod de secta praedictorum haereticorum[2]) alii dicuntur haeretici perfecti et consolati, alii amici eorundem. 2. Item haereticorum perfectorum alii dicuntur sandaliati, alii novellani. 3. Sandaliati sunt illi, qui sacerdotes, magistri et rectores dicuntur totius haereticae pravitatis et possunt, ut asserunt, conficere corpus[3]) Christi sicut catholici sacerdotes. 4. Item sandaliati non tenent pecuniam, et sotulares decollatos seu perforatos super pedes (habent) in dictis sandaliis. 5. Et quodquod per ipsos sandaliatos ordinatur, constituitur vel etiam praecipitur, ab omnibus inferioribus irrefragabiliter observatur et eisdem tanquam capitibus obediunt. 6. In ipsa secta homines et mulieres recipiuntur et fratres et sorores nuncupantur. 7. Non possident aliqui[4]) immobilia, sed propriis renunciant et sequuntur paupertatem. 8. Non laborant, nihil acquirunt vel lucrantur, unde valeant sustentari, sed de bonis et eleemosynis suorum amicorum et credentium snstinentur et vivunt, studiis cum magna sollicitudine inhaerentes. 9. Item amici eorum[5]) et credentes possident immobilia et utuntur conjugio, mercantur, negotiantur, acquirunt etiam et lucrantur et per ipsos haereticos perfectos visitantur, praedicantur et reducuntur ad credulitatem eorum, prout inferius apparebit.

10. Secundo dicendum est, quod praedicti[6]) haeretici tenent, credunt et docent suis credentibus amicis septem articulos fidei et septem etiam sacramenta et alia pro majori parte, quae catholici credunt, exceptis erroribus, qui sequuntur. 11. Non credunt, quod D. Papa tantam potestatem habeat in terris quantam habuit S. Petrus,

---

1) In den folgenden Anmerkungen ist D = Text bei Döllinger, Dokumente, 92 ff.; F = Abschrift Friedrichs.
2) praed. haer. deest F.   3) opus D.   4) D u. F.   5) eorundem D.   6) deest F.

nisi ita bonus esset et sanctus, ut S. Petrus erat. 12. Item non credunt esse purgatorium nisi duntaxat in hoc mundo. 13. Item non credunt, quod eleemosynae vel orationes proficiunt animabus defunctorum. 14. Item non credunt, quod alicui liceat sine mortali peccato in aliquo casu de mundo hominem occidere vel jurare. 15. Item credunt, quod alter alteri sua peccata valeat confiteri juxta autoritatem b. Jacobi. 16. Item credunt, quod illi, qui inter eos in sandaliatos ordinantur, possunt ita bene corpus[1]) Christi conficere sicut catholici sacerdotes. 17. Tertio sciendum est, quod praedicti[2]) haeretici in diversis locis, provinciis et regiminibus hujusmodi, tam in Alamannia quam in aliis partibus, commorantur per domos et familias, duo vel tres in uno hospitio cum duabus vel tribus mulieribus, quas suas uxores esse fingunt vel sorores. 18. Aliquot antiquae mulieres sine hominibus in hospitiis commorantur, sed per alios haereticos saepe et saepius visitantur et eis alimenta praeparantur. 19. Talem in hospitiis vitam ducunt. Surgunt — — [3]) multorum, dicunt, quod orent pro regibus et ducibus et gubernatoribus, sc. ut Deus[4]) concedat eis, ita mundum gubernare, quod sit ad suam gloriam et eorum salutem, vel verba consimilia. Item orant pro inimicis et persecutoribus eorundem, ut ad poenitentiam per Dei adjutorium convertantur, vel verba similia, et pro omnibus dicatur septies vel decies Pater noster. 20. Facta oratione ille, qui regit hospitium, primo surgit et dicit: Deus sit nobiscum, si sibi placet. Post hoc illi, tam homines quam mulieres, qui scripturam volunt addiscere, recipiunt a suis doctoribus lectionem, et lectionibus receptis et pluries repetitis faciunt postea id quod volunt, et mulieres cibaria praeparant. 21. Si aliquod offendant peccatum in aliquo, coram omnibus hospitii projiciunt se in terram postulantes veniam, et tunc eriguntur a circumstantibus et poenitentia eis datur. 22. Ante prandium ponunt se ad orationem, ut superius continetur, et pluries in die; in prandio ille, qui regit hospitium, benedictionem prandii facit in hunc modum, dicendo „benedicite", et alii respondent „Deus", et praeterea dicitur Pater noster. qua completa dicit rector hospitii materna lingua: Deus, qui benedicere voluit[5]) quinque panes ordeaceos et duos pisces in deserto, benedicat cibum et potum et personas, qui recipient, in nomine Patris et Filii et Spiritus S. 23. Quandoque per illum, qui regit hospitium, praedicatur in prandio vel in coena, et facta praedicatione regratiatur eidem per aliquem circumstantem et sua praedicatio confirmatur. 24. Post prandium agunt gratias, et rector hospitii dicit materna lingua: „benedictio et claritas[6]) etc. et: retribue etc.[7]) Et iterum ponunt se ad orationem ut supra. 25. Familiares hospitii peccata sua rectori suo confitentur, quando volunt, non tamen ad hoc compelluntur, nisi velint. 26. Si aliqui credentes vel amici eorum ad hospitium veniunt, fit eisdem magnum festum et cum magno gaudio recipiuntur et praedicantur et exhortantur in forma superius memorata, et quando confiteri volunt, a rectore seu majore hospitii confitentur et eis injungitur poenitentia per eundem vel ab alio de hospitio,

1) opus D. 2) deest F. 3) Lücke bei D u. F. 4) Dominus F. 5) deest F.
6) Apoc. 7, 12. 7) cf. Akten v. Carcassonne bei Döll. Doc. 12 oben.

si rector non sit praesens. 27. Item cum aliqui haeretici perfecti in una villa habitantes veniunt ad hospitium aliquorum aliorum haereticorum perfectorum in alia villa commorantium, in adventu ipsorum dant sibi ad invicem osculum pacis, homines hominibus, mulieres mulieribus, et sic faciunt in recessu. 28. Quarto sciendum est, quod praedicti[1]) haeretici perfecti semel in anno in quadragesima vel circa celebrant concilium vel capitulum generale in aliquo loco Lombardiae vel Provinciae, vel in aliis regionibus, in quibus sandaliati vel eorum aliqui commorantur, et hoc fieri consuevit potius in Lombardia quam alibi. 29. Ad quod concilium veniunt tres vel quatuor haeretici perfecti de Alamannia, habentes secum aliquem clericum vel alium interpretatorem, et fingunt aliquo modo, se velle apostolorum Petri et Pauli limina visitare. 30. In quo quidem generali concilio seu capitulo quasi[2]) omnes haeretici hospitiorum gubernatores congregantur. 31. In quo etiam[3]) capitulo credentes non admittuntur nec perfecti haeretici juvenes, nec mulieres, quamvis sint perfectae et antiquae, nec aliquis haereticus perfectus, quamvis antiquus, nisi eorum voluntati et obedientiae totaliter sit subjectus et servet immobiliter sectam illam. 32. In praedicto siquidem[4]) capitulo tractatur de statu omni dictae sectae et queritur a quolibet, ut audivit de statu familiae suae et qualiter se gubernet, et si fuerint aliqui inobedientes vel rebelles, mittuntur et cum aliis sociis adjunguntur. 33. Item si aliqui haeretici perfecti fuerunt inter eos, per longa tempora laudabiliter conversati juxta formam sectae suae, et fuerint sapientes in scriptis, efficiuntur in eodem capitulo sandaliati, et ex tunc una cum aliis sandaliatis magistri et rectores et sacerdotes dicuntur. 34. Item in dicto capitulo ordinatur de his, qui in dicta secta cupiunt profiteri et consolari, et illi, de quibus conceditur, postea consolantur et mansio seu societas assignatur eisdem, in qua permanere debeant illo anno. 35. Item in dicto capitulo deputantur et constituuntur visitatores amicorum suorum et credentium, qui visitare debeant illo anno, et mittuntur duo in qualibet regione seu provincia, in qua aliqui de eorum credentia conversantur. 36. Item in dicto capitulo parantur pecunia et eleemosynae per amicos et credentes eorundem sibi data et transmissa. Quae quidem pecunia juxta ordinationem dictorum sandaliatorum distribuitur, et datur cuilibet certa portio pro se et sua familia in victu et vestitu anno venturo sustinenda. 37. Et si aliqui, qui regunt hospitia, praesentes non fuerint, mittitur eis pecunia per alios, qui in illis partibus morantur. 38. et de Alamannia major pars pecuniae, de qua vivunt et sustinentur, apportatur. 39. Qualiter autem — — ignorat iste qui hoc deponit.[5]) Qualiter autem in sandaliatos ordinent, ignorat similiter. Sed audivit, quod discalciantur per alios sandaliatos, et ei creduntur caligae et sotulares super pedes perforati, ut superius continetur.

40. Quinto est sciendum, quod professio eorum, qui inter ipsos recipiuntur, fit hoc modo: Major seu sapientior de socitate seu hospitii, in quo consolandus moraturus est illo anno, seu alius haereticus extraneus, si sibi praesens fuerit et sapientior repu-

1) deest F.   2) deest F.   3) enim F.   4) pr. siqu. deest F.   5) Qualiter — deponit D.

tetur, congregatis omnibus tam hominibus quam mulieribus, quae in illo hospitio commorantur, praedicat et facta praedicatione exponunt illi, qui recipiendus est, omnia quae observantur in dicta secta, et quod oportet illum, qui recipiendus est, credere illud quod superius continetur, et quod de caetero castitatem servet, proprium non habeat, humilitatem et obedientiam promittat et consilio et voluntati ipsorum haereticorum obediat in omnibus et pareat, non mentiatur, non juret, non occidat, nec aliud mortale peccatum faciat pro posse suo, imo antequam aliquod e praedictis offendat, mortem patiatur, quod si praedictum adimplere non vellet, non reciperetur inter eos. 41. Et consolandus respondet separatim omnia et singula supradicta¹) pro posse suo fideli adimplere et observare, et tunc projiciens se in terram a circumstantibus erigitur et sibi a quolibet datur osculum pacis, si homo fuerit,²) ab hominibus, si mulier a mulieribus. 42. Et tunc ille, qui sic receptus est, solvet expensas prandii, si (non) habet, non solvet.
43. Sexto sciendum, quod illi (qui) deputati et ordinati sunt ad visitandum credentes, sic procedunt: petunt enim loca quae visitare debent et notificant eis, quod tales fratres veniunt. Et tunc mandatur eisdem per dictos credentes et assignatur certa dies et hora, ad quam venire debeant. Ad quam horam veniunt cum dicto credente, qui conducit eos aliquando de die, aliquoties de nocte. 44. Non faciunt quoad praesens congregationes magnas, sed dicti³) credentes visitant de hospitio in hospitium, videlicet quoslibet in hospitiis eorum, et ibi in quolibet hospitio manent per duo vel tres vel quatuor dies, aliquoties minus, et praedicant, exhortantur et instruunt ipsos credentes in fide et erroribus supradictis,⁴) 45. et quod ab infra scriptis abstineant: non occidant, non mentiantur, non jurent, non faciant aliquid quod sibi nolunt fieri. 46. Item audiunt confessiones ipsorum credentium et eis poenitentias injungunt, et eleemosynas recipiunt ab eisdem et scripturam eis docent. 47. Aliquoties etiam in aliis hospitiis dictorum credentium visitant isto modo, et in pluribus locis perferunt dicti perfecti haeretici suis credentibus et eorum liberis et familiis aliqua jocalia, videlicet zonas cultellos achalbenos⁵) et acus, ut libentius et familiarius recipiantur. 48. Et dicta visitatio fit potius in hieme quam aestate, quia credentes melius vacare possunt. Visitatis credentibus salutant eos ex parte fratrum suorum omnium.⁶) 49. Et dicti credentes rogant eos, ut ex parte ipsorum salutent omnes fratres suos et orent ad Dominum pro eisdem.⁷) 50. Et sic dicti visitatores credentium cum pecunia et eleemosynis sibi datis ipsa reportant ad venturum capitulum generale et eadem ibi praesentantes dividunt, prout superius continetur.

1) deest F.   2) fuit D.   3) dictos F.   4) deest F.   5) acbalberos F.   6) suorum omnium deest F.   7) eis F.